내성적인
당신의 강점에
주목하라

Self-Promotion for Introverts: The Quiet Guide to Getting Ahead
by Nancy Ancowitz

Copyright ⓒ 2010 by Nancy Ancowitz

All rights reserved.

This Korean edition was published by Galmaenamu in 2010 by arrangement with
The McGraw-Hill Trade Group
through KCC(Korea Copyright Center Inc.), Seoul.

이 책은 (주)한국저작권센터(KCC)를 통한
저작권자와의 독점계약으로 갈매나무에서 출간되었습니다.
저작권법에 의해 한국 내에서 보호를 받는 저작물이므로 무단전재와 복제를 금합니다.

내성적인 당신에게 잘 맞는 자기 PR 시크릿

내성적인 당신의 강점에 주목하라

낸시 앤코위츠 지음 | 신현정 옮김

갈매나무

| 차례 |

008 • 프롤로그 외향적인 성격으로 거듭나지 마라

 열심히 일하는데 인정받지 못하는 이유

016 • 지워야 할 자기부정의 말들
020 • 내가 올린 성과는 그저 요행에 불과한가?
024 • 왜 다른 사람을 홍보하는 것은 쉽게 느껴질까?
029 • 치어리더가 아니어도 괜찮아
034 • "나는 어떤 공이든 받을 수 있어!"
039 • 당신의 지지자는 누구인가
043 • 당신을 부정하려는 사람들을 어떻게 다룰 것인가
049 • 집중하는 것에 발전이 있다
052 • 숨어 있는 강점을 발굴하는 방식
059 • 나만의 모습으로 승부하라

 내성적인 당신을 어떻게 노출시킬 것인가

064 • 즐길 수 있는 게임으로 재구성하기
068 • 그냥 최선을 다하라?
073 • 목표를 수립하는 우리들의 방식
078 • 당신을 어떻게 노출시킬 것인가

083 • 시간, 돈, 에너지를 다스리는 법
089 • 내성적인 사람에게 잘 맞는 PR 방법
096 • 소셜 미디어를 어떻게 활용할 것인가

CHAPTER 3 당신을 선택한 사람, 당신에게 관심을 보일 사람

104 • 목표 고객의 머릿속 탐험하기
107 • 진정한 PR의 고수가 되려면
111 • 동물적 감각이 말해주는 것
115 • 윈-윈 게임
119 • 회사가 당신을 채용하는 이유
123 • 당신이 당연하다고 여겨온 것들

CHAPTER 4 네트워크가 나를 살린다

128 • 내 말이 먹히는 영역을 확장하라
132 • 매력 있는 사람 VS 가치 있는 전문가
138 • 도움이 필요할 때 어떻게 요청할까?
143 • 어색한 분위기를 어떻게 극복할까?
149 • 좀더 이야기를 나누고 싶은 사람이 되는 비법

154 • 네트워킹을 위해 보내는 시간
158 • 최고의 모습을 상상하라

내성적인 사람이 프레젠테이션에 강하다

164 • 사람들 앞에서 말을 하는 것이 두려운가
168 • 초조함을 어떻게 극복할 것인가
173 • 프레젠테이션의 뼈대 만들기
180 • 리허설이 더 중요하다
187 • 프레젠테이션을 시작하기 5초 전
190 • 메시지를 온전히 전달하는 법
196 • 위기에 대처하는 능력

면접의 달인이 된다

202 • 면접에 강한 사람은 따로 있다
205 • 내성적인 당신의 특별한 무기
208 • 진실하고 열정적으로
212 • 잘 들어야 제대로 말할 수 있다
216 • 준비된 성공

222 • 인터뷰 시뮬레이션
229 • 당신의 약점을 캐물을 때
233 • 옷차림은 자신감이다
238 • 연봉 협상의 순간
247 • 당신의 능력에 걸맞는 보상을 받으려면

CHAPTER 7 또 다른 절반과 소통하기

252 • 적과의 동침?
257 • 외향적인 사람의 하루
262 • 외향적인 세상에서 성공적으로 살아남기
270 • 당신이 세상에 무엇을 기여할 수 있을지 알리는 일

276 • 에필로그 당신의 지식과 재능을 다른 이와 공유하라

| 프롤로그 |

외향적인 성격으로 거듭나지 마라

"회의할 때는 말이 없네요. 점심은 종종 혼자 먹기도 하고……. 능력은 그저 그런데 목소리는 누구보다 큰 동료가 당신보다 먼저 승진을 했다죠?"

아무렴, 당신도 뭔가 할 말이 있을 게다. 그런데 왜 도통 입을 떼지 못하는가? 특히 자기 자신에 대한 이야기일 때는 더 심하다. 당신이 누구인가. 은근히 자기 자랑하면서 잘난 척하는 사람은 되기 싫고, 어쩌다 사람들의 시선을 받는 일조차 어떻게든 피하고 싶은 사람이 바로 당신 아닌가.

내성적인 사람들은 어떤 말을 하기 전에 먼저 생각하는 것을 좋아한다. 그런데 주구장창 생각만 하고 있으면 누가 알아줄까? 굳이 말을 안 해도 사람들이 내 장점을 한눈에 알아봐 주리라는 기대는 착각이다. 뭐, 그럴 수만 있다면 참 좋겠지만…….

보물을 찾아내듯이 누군가 나의 가치를 발견해준다면 얼마나 좋을까? 하지만 그럴 가능성이 과연 얼마나 될까? 최근 더 어려워진 경제 상황과 얼어붙은 고용환경을 보면, 앞으로 또 얼마나 더 오래 기다려야 할지 모른다. 마냥 손 놓고 기다리고 싶지 않다면 당신은 이 책(내성적인 당신을 위해 내성적인 작가가 쓴 이 책)을 놓치지 말아야 한다.

이 책은 당신에게 내재된 장점들을 일깨우고 칭찬해가면서, 당신의 존재를 부각시키기 위해 필요한 핵심 전략과 기술을 함께 만들어나갈 것이기 때문이다. 원하는 목표를 성취하기 위해 어느 선까지 어떤 방식으로 행동할 것인지가 정해지고 나면, 그 이후로는 목표를 향해 거침없이 질주하는 일만 남게 되리라.

비즈니스 교육 컨설턴트인 삭티 가테그노Shakti Gattegno는 이렇게 말했다. "자기 PR은 자신에 대한 성찰에서부터 시작된다. 그러려면 되도록 편견 없이 인식의 불을 밝혀 자신을 관찰해야 한다. 지금 부족하거나 모자란 부분에 연연하기보다는, 현재 나의 모습과 내가 가진 가능성에 대해 좀더 관심을 기울이는 것이 바람직하다. 자신에 대한 성찰을 잘 할수록 밖으로 드러나는 능력과 역량은 더욱 커지고, 남의 눈에 들기 위해 소비하는 소모적인 에너지는 점점 줄어들 수 있다."

자, 이쯤에서 당신의 성향을 점검해보자. 왼쪽은 내성적인 사람, 오른쪽은 외향적인 사람의 특성을 나타낸 것이다. 당신의 성향은 어느

내성적인 사람 VS 외향적인 사람

내성적인 사람	외향적인 사람
휴식을 통해 충전한다.	사람들과 만나면서 에너지를 얻는다.
말이나 행동에 앞서 생각한다.	말을 하면서 생각한다.
듣는 편이다.	말하는 편이다.
부드럽게 말한다.	빠르고 크게 말한다.
깊이 있는 대화를 선호한다.	부담 없는 대화를 선호한다.
한두 명의 소수정예와 이야기 나누는 것을 좋아한다.	분위기를 띄우며 많은 사람들과 어울리는 것을 좋아한다.
누군가 말을 걸 때까지 기다린다.	대화를 먼저 주도해 이끌어나간다.
말수가 적고 수줍어한다.	활동적이고 표현을 잘한다.
혼자 또는 한 명 정도 같이 일하는 것이 편하다.	팀으로 일하는 것을 좋아한다.
몇 가지 분야에 대해 깊은 지식을 갖고 있다.	다방면에 얕은 지식을 가지고 있다.
사려 깊고 조용하다.	정력적이고 활기가 넘친다.
세심하고 꼼꼼하다.	빠르고 복잡하지 않은 것을 좋아한다.
개인적인 공간이 필요하다.	가능한 한 많은 사람들과 만나는 것을 즐긴다.
사적인 이야기는 되도록 삼가한다.	뭐든지 털어놓고 얘기한다.
관심 분야가 좁지만 깊다.	관심 분야가 다양하다.

쪽에 가까운가?

 내성적인 사람들이 이 세상 전체 인구의 반을 차지한다는 사실을 알고 있는가? 〈USA투데이〉에 의하면, 10명의 경영자 중 4명은 내성적인 사람이라고 한다. 실제로 그 기사에서는 빌 게이츠, 워렌 버핏, 찰스 슈왑, 스티븐 스필버그의 사례를 들고 있다.

 이 쟁쟁한 목록에 또 한 사람을 추가한다면 코미디언 제리 사인필드Jerry Seinfeld를 들 수 있다. '오프라 윈프리쇼'에 출연한 제리 사인

필드는 자신이 내성적인 사람임을 고백하면서 이렇게 말했다. "나는 사람들을 좋아합니다. 하지만 먼저 말을 걸지는 못합니다. 그런데 무대에서는 그게 가능하더군요."

그 외에도 많은 유명 인사들에게서 내성적인 사람이라는 단서를 찾을 수 있다. 그러나 그들이 우리에게 그렇다고 말하지 않는 한 확신할 수는 없는 일이다. 실제로 내성적인 사람이라는 낙인이 찍힐까봐 드러내 밝히지 못하는 경우도 어느 정도 있는 듯하다.

이유는 뭘까? 〈내셔널 저널〉의 칼럼니스트 조나단 로치Jonathan Rauch는 〈애틀란틱 매거진〉과의 인터뷰에서 이렇게 말했다. "누가 게이인지 아닌지 알 수 없는 것처럼 '이 사람은 내성적이야'라고 단언하기는 쉽지 않습니다. 그 이유는 많은 내성적인 사람들이 실제로는 매우 훌륭하게 사회생활을 영위하고 있기 때문이지요. 그러기 위해 단지 얼마간의 수고가 더 필요할 뿐입니다."

사실 높은 위치에서 빛나는 역할을 수행하고 있는 많은 내성적인 사람들의 경우, 보통 사람들이 봐서는 외향적인 사람들과 다를 바가 없다. 그들은 일상적으로 많은 사람들과 만나야 하는 위치에 있고, 때때로 그러한 임무를 수행하기 위한 교육이나 훌륭한 연설가가 되기 위한 지도를 따로 받기 때문이다.

나의 경우를 말하자면, 나는 회사를 다니면서 MBTI Myers-Briggs Type Indicator 진단을 받았고, 내가 내성적인 사람이라는 사실을 알게 되었다. 이 때부터 나는 내 자신을 더 잘 이해하게 되었고, 내가 왜 사람들과 만나 어울리는 것보다는 생각을 정리하고 에너지를 재충전하기 위한 조용한 시간을 더 선호하는지 비로소 알게 되었다. 결국 이를 계기로 나는 월스트리트 마케팅 팀장에서 비즈니스 커뮤니케이션 컨설턴트 겸 강연자로 대변신을 하게 되었다.

심리유형 연구소의 밥 맥픽Bob McPeek에 따르면 "MBTI 진단 툴은 1930~40년대에 주로 이용된 '미네소타 다면인성평가MMPI: Minnesota Multiphasic Personality Inventory' 기법처럼 '당신의 문제는' 하는 식의 부정적인 접근에 반대하여 고안된 것"이라고 한다. MBTI 검사는 나의 내성적인 성향이 결코 결점이 아니라는 사실을 일깨워주었다. 외향적인 사람들과 달리 말이나 행동을 하기 전에 생각에 생각을 거듭하는 나의 습관에 대해서도 기꺼이 받아들이면서, 나는 다른 사람들에 대해서도 좀더 관대해질 수 있었다.

허스트 매거진Hearst Magazines의 CEO인 캐시 블랙Cathie Black은 또 다른 관점에서 이런 이야기를 들려주기도 한다. "우리 협회에서는 '다양성 프로그램'에 참가한 적이 있습니다. 과정의 운영자들은 내성적인 사람들과 외향적인 사람들의 차이를 설명해주었죠. 외향적인 사람들은 피곤에 지쳐 어느 장소에 들어갔다가도 어느새 거기에 있는 사람들과 어울리면서 새로운 에너지를 얻을 수 있답니다. 그러나 내성적인 사람들은 긴장을 풀어 놓는 데 어느 정도의 시간이 걸리고, 다시 충전이 된 연후에야 수면에 올라와 활동을 다시 재개한다는군요. 외향적인 사람들이 다른 사람들로부터 에너지를 얻는 것에 비해 내성적인 사람들은 조용한 자기성찰의 시간을 통해 에너지를 얻는 것이지요."

그러나 외향성이든 내향성이든 어느 한쪽으로 치우친 사람들은 극소수이고, 대부분의 사람들은 두 가지 양면적인 성격을 어느 정도 가지고 있는 것으로 보인다. 이 책을 쓰며 많은 사람들을 만나고 대화를 나눠보았지만, 대부분의 사람들은 내향성과 외향성으로 이루어진 스펙트럼의 중간 어느 지점에 놓여 있는 것 같았다.

이 책은 스스로 내성적인 사람이라고 생각하는 사람들, 그리고 내성적인 성향이 상대적으로 좀더 강한 사람들(이를테면 많은 사람들 속에서 분위기를 띄우는 것보다는 한 사람과 깊이 있는 대화를 나누는 것이 더 편한 류의 사람들)을 위한 책이다. 내성적인 성격의 나는 가능한 많은 사람들, 특히 내성적인 사람들이 좀더 능숙하게 자기 자신을 홍보할 수 있도록 돕기 위해 이 책을 쓰기 시작했다.

책을 쓰며 나는 다양한 분야의 사람들과 이야기를 나누었는데, 그 중에는 워렌 버핏과 빌 클린턴 전 대통령을 비롯하여 허스트 매거진의 CEO인 캐시 블랙, 마케팅 전문가 세스 고딘, 농구의 황제 매직 존슨, 마이어-브릭 재단의 캐더린 마이어Katharine Myers, 커뮤니티 사이트인 크레이그 리스트의 창시자 크레이그 뉴마크Craig Newmark, 배우 레오나드 니모이Leonard Nimoy, 치타 리베라Chita Rivera 등 거물급 인사들도 포함되어 있다. 예전보다 조금은 더 주목받는 사람이 되기 위해 이들이 내놓은 지혜를 살펴보고 무엇을 배울 수 있을까를 점검해보는 것은 어떤가.

어쩌면 당신은 내향성을 탐구하는 심리 서적에 관심이 있고, 이 책에서 그런 것을 기대하는지도 모르겠다. 그러나 이 책은 심리치료 전문가가 아닌 보통 사람이 쓴 보통 사람들을 위한 책이라는 점에서 차이가 있다. 이 책의 주요 관심사는 '내성적인 사람이 직장에서 주목받는 법'에 관한 것이다. 이를 위해 네트워킹 기술과 같이 실제 사회생활에 적용할 수 있는 내용들도 제법 포함되어 있다.

나의 목표는 당신이 삶에서 새로운 탐험을 할 수 있도록 편한 자리를 마련해주고, 당신이 원하는 조직이나 가까워지고 싶은 사람들이 좀더 당신에게 관심을 갖고 당신의 얘기를 들을 수 있도록 도약의 발판을 만드는 것이다. 그리하여 당신의 아이디어가 더 인정을 받고, 당신이 원하는 곳이 어디든 그곳에서 더 주목을 받고, 원한다면 더 많은 돈을 벌게 되길 바란다. 궁극적으로는 당신이 이 사회에 더 크게 기여하는 사람이 되기를 진심으로 희망한다.

이 책을 처음부터 끝까지 꼼꼼히 읽을 수도, 읽다가 부분부분 건너뛰면서 읽을 수도, 처음부터 대충 훑어가며 자기 나름의 방식으로 읽어나갈 수 있을 것이다. 부디 부담이 되지 않는 선에서, 그러나 충분한 자극을 받을 수 있도록 꾸준히 읽어나가길 바란다.

자, 안으로, 밖으로, 그리고 마침내 앞을 향하여 전진할 준비가 되었는가?

CHAPTER 1

열심히 일하는데
인정받지 못하는 이유

당신이 뭔가를 잘못하거나 실수할 때마다 옆에서 쾌재를 부르는, 혹은 당신이 밖으로 나올 생각을 아예 하지 못하도록 방해하는 당신 안의 악마가 있다. 그들은 끊임없이 당신의 결점과 약점을 떠올리도록 심술궂게 속삭인다. '아무렴, 나 없이 당신은 살아갈 수 없어'.

생각해보라. 계속해서 '나는 안 돼'라고 머릿속으로 되뇌는데 어떻게 당신이 스스로를 PR할 수 있겠는가? 내가 나의 가치를 인정하지 않으면서 어떻게 이 세상에 나를 내놓을 수가 있겠는가? 다른 사람은 또 어떻게 설득할 수 있겠는가? 이제 당신의 내면을 탐험하며 당신이 가지고 있는 장점들을 하나하나 밖으로 끄집어낼 것이다. 하여 그 건방진 악마의 비아냥거림에 보란 듯이 반박하며, 당신의 장점들을 더욱 튼실하게 만들 것이다. 그리고 그것들을 당신이 더욱 중요한 일을 준비해나가는 데 활용하도록 도울 것이다.

지워야 할 자기부정의 말들

다른 사람이 무슨 생각을 하고 있는지 서로 듣지 못하는 것이 얼마나 다행인가. 사람들은 당신이 말로든 행동으로든 밖으로 표출하는 것만을 받아들인다. 하여 밖으로 당신을 PR하기에 앞서, 당신 스스로 자신에 대해 어떻게 이야기하고 있는지 내면을 들여다볼 필요가 있다.

당신이 자신에게 전하는 메시지는 부드럽고 관대한가? 아니면 인색하고 무자비한가? 아니면 그 중간 어디쯤? 당신이 이룬 성과가 단지 우연한 결과가 아니었다면? 많은 이들한테 그런 척하거나 속이는 것이 아니라, 정말로 당신에게 그런 재능이 있는 것이라면 어떤가.

지금부터는 당신의 부정적인 목소리를 누그러뜨리기 위해 무엇을 할 것인지에 대해 이야기할 것이다. 또한 부정적인 목소리를 부추기는 고압적인 짝—모든 것을 완벽하게 하겠다는 생각, 그것도 처음부터 어떠한 변명도 허용하지 않고—에 대해서도 같이 언급할 것이다.

내성적인 사람들은 자기 자신에 대한 부정적인 말들과 이웃사촌 격인 '완벽주의'를 제대로 조절하지 못한다. 이러한 자멸적인 에너지를 새로운 방향으로 바꿔나가기 위해 무엇을 해야 할까?

이제 당신에게는 구체적인 사례들과 간단한 도구가 제공될 것이다. 당신은 자신에 대한 부정적인 말들을 찬찬히 살펴보고, 당신 자신에 대한 비방을 조목조목 반박하며 좀더 유연하게 다루게 될 것이고, 당신을 응원해줄 가까운 지지 세력을 구축하게 될 것이다. 사례들 가운데는 언뜻 암담해 보이는 것도 있겠지만, 충분히 영감을 받을 수 있는 세계적인 수영선수의 성공 사례 같은 것도 포함되어 있다. 이러한 예들은 부정적인 자기 대화를 극복하는 것이 힘들긴 하지만 결국 해낼 수 있다는 것을, 그리고 누구나 해낼 수 있는 일반적인 일임을 입증할 것이다.

그런데 자기부정의 말들에 대해 왜 이처럼 고심해야 하는 걸까? 그것을 잘 다룰수록 자신감을 최대한 이끌어낼 수 있고, 최선을 다해 자신을 PR하여 궁극적으로는 사회에도 더 크게 공헌할 수 있기 때문이다.

내성적인 사람들이야말로 진짜 수다쟁이

뇌에 관한 연구를 보면 내성적인 사람들이 외향적인 사람들보다 속으로는 오히려 더 많은 이야기를 할지도 모른다고 한다.

생리심리학자인 데브라 존슨Debra L. Johnson 박사는 내성적인 사람들에게 '내면의 대화'를 받아들이라고 권고한다. "지배적인 가동 패턴이 사회적 활동이나 요구사항에 대한 독백이라면, 이러한 독백은 바로 중요한 행동에 대해 자신에게 분명히 상기시키는 도구로 이용할 수 있습니다. 예를 들어 어떤 사람은 '그 프로젝트, 정말 훌륭하게 잘 해냈어. 모두들 내게 그렇게 말했잖아', 또는 '오늘 직원회의 때 내가 관련된 부분을 좀더 강조했어야 했는데'와 같은 방식으로 자기 논평을 하기도 합니다. 그리고 회의에서 이야기할 내용에 대해 미리 구상을 해서 실제와 똑같이 연습해보는 경우도 있습니다."

심리유형 연구소의 밥 맥픽 박사는 다음과 같이 지적하기도 한다. "다양한 분야의 연구 내용을 살펴보면, 내성적인 사람들이 자기 반성에 있어 확실히 더 높은 지수를 나타낸다는 것을 알 수 있습니다. 새벽 세 시까지 잠도 못 이루고 뒤척이면서 마음속으로 그날 있었던 일을 계속해서 되새김질 하고 또 자책하는 것이죠."

맥픽은 계속해서 이렇게 덧붙였다. "조사자에 따라 이러한 부정적인 상태에 대해서 '곱씹다' 혹은 '되새김질하다'와 같은 표현을 사용하기도 합니다. 이러한 상태를 다루는 효과적인 전략은 자신을 흔들어 깨워서 에너지를 다른 방향으로 사용하도록 전환시키는 것입니다. 물론 내성적인 사람들이 보여주는 자기 반성에는 긍정적인 측면도 있습니다. 그것은 바로 자기 자신에 대한 건강한 지적 호기심이죠."

말할 것도 없이 이 책에서는 그 호기심에 줄곧 환호를 보낼 것이다.

> **Note :** 심리학적 분류

 이 세상에 당신과 똑같은 사람은 한 명도 없다. 지금까지 수많은 과학자, 철학자, 인문학자들은 사람들의 성향을 유형학typology이라는 이름 아래 여러 가지 유형으로 분류해왔다. 히포크라테스로부터 시작하여 고대 그리스 사람들은 우리의 육체적, 정신적 건강을 위해 네 가지 요소가 균형을 이루어야 한다고 믿었다. 바로 피blood, 가래phlegm, 노란 쓸개즙yellow bile, 검은 쓸개즙black bile의 네 가지 체액인데, 그것은 각각 '자신감이 넘치고 활기찬', '화를 잘 내는', '침착하고 냉정한', '우울하고 무관심한' 같은 사람의 성질을 나타낸다고 생각하였다.

 수천 년을 뛰어넘어 다시 현재로 건너오자. 오늘날 가장 많이 사용되는 사람의 성질에 대한 연구 중 하나는 마이어-브릭스 지표Myers-Briggs Type Indicator: MBTI 평가이다. 이것은 심리학자 칼 융의 연구에 기초하여 1940년대 이사벨 브릭스 마이어Isabel Briggs Myers와 캐더린 브릭스Katharine Briggs에 의해 개발된 기법이다.

 MBTI에 의하면 기본적인 사람의 성질은 네 가지 유형으로 구분할 수 있다. 한 가지 유형은 외향성(바깥 세상에 좀더 중점을 두는)과 내향성(내면 세계에 좀더 중점을 두는)으로 분류하는 것이다. 나머지 세 가지 유형은 감각과 관념, 이성과 감성, 그리고 판단과 인식이다. MBTI 기법에 대해서 좀더 알고 싶다면 MBTI 사이트 www.mbtitoday.org을 참고하라.

 사람의 성격에 대해서는 수많은 평가들이 있지만, 그 중 외향성과 내향성으로 구분하는 것이 가장 일반적인 분류이다. '빅 파이브Big Five'라고도 불리는 다섯 가지 유형 모델Five Factor Model은 또 하나의 주된 평가 기법이다. 심리유형 연구소의 밥 맥픽Bob McPeek 박사는 이에 대해 이렇게 설명한다. "이것은 17,000여 가지가 넘는 인간의 성격에 대한 설명을 크게 다섯 가지로 분류하여 나타낸 것입니다. 이들 다섯 가지 유형 가운데 외향성과 내향성이 사람의 성격을 나타내는 가장 중요한 측면 중의 하나입니다."

❋ 내가 올린 성과는
   그저 요행에 불과한가?

규칙적으로 운동을 하거나 재산을 운용하는 것처럼, 자신에 대해 부정적인 메시지를 다스리는 것은 가치 있는 도전이다. 얼마 전 나는 뉴욕대학교에서 '내성적인 사람을 위한 자기 PR 워크숍'을 개최한 바 있다. 나는 참가자들에게 내면에서 스스로에 대해 끊임없이 양산해내는 부정적인 메시지를 익명으로 적게 하였다. 그때 워크숍에 참가한 사람들은 건축가, 심리치료사, 미술가, 컴퓨터 프로그래머, 투자전문가, 하버드대학 출신의 변호사, 대기업 마케팅 담당 임원, 기업 경영자 등 각 분야에서 눈부시게 활약하는 엘리트들이었다. 나는 그들이 적은 종이를 모아 읽어주었다. 이 멀쩡한 엘리트들이 토로하는 기막힌 내용들을 살펴보라.

- "내가 좋아하는 일을 해서는 괜찮은 수입을 올릴 수 없을 것이다."

- "내가 올린 최대의 성과들은 모두 요행에 불과하다."
- "나는 실패자다."
- "나는 항상 무대 뒤에서 아이디어만 내는 사람이다."
- "내가 어떤 아이디어를 내놓기만 하면, 꼭 다른 누군가가 그 공을 가져간다."
- "새로운 사람들과 대화를 하려고 하면 앞이 캄캄해지면서 아무 생각도 나지 않는다."
- "나는 말하는 게 바보 같다."
- "나는 뼈빠지게 일만 하다가 여생을 마감하게 될 것이다."
- "나는 말을 하기 전에 생각할 시간이 필요한 사람이기 때문에 빠릿빠릿해보이지 않을 것이다."
- "혼자 있기를 좋아하는 것을 보면 나한테 무슨 문제가 있는 것 같다."

어딘지 익숙한 내용들인가? 어디서 많이 들어본 얘기들인가? 어쩌면 이러한 생각들이 당신 머릿속에도 가득할지 모르겠다. 당신은 오늘도 많은 사람들을 앞에 둔 연단에서 입이 바짝바짝 타들어가던 순간을 떠올리면서, 혹은 상사가 당신 자리에 들이닥쳐 1년 동안 당신이 한 일을 말해보라고 몰아치던 순간을 다시금 떠올리면서 새벽 4시까지 잠을 뒤척이는지도 모르겠다. 이렇게 머릿속에는 온통 《오즈의 마법사》의 악동 같은 원숭이들이 꽥꽥거리며 당신을 비방하는 소리들뿐인데, 어떻게 당신이 자신을 PR할 수 있겠는가?

사람들은 생각보다 타인에게 관심이 없다

당신은 수상 경력이 있는 전도유망한 그래픽 디자이너이고, 〈포춘〉이 선정한 500대 기업에 든든한 고객들도 있다. 어느 날 당신은 능력이 출중한 기업의 CEO, 관리자들로 가득 찬 모임에 참석하게 되었다. 이들 대부분은 당신의 잠재 고객이라 할 것이다. 이럴 때 당신은 어떠한가? 혹시 창문 밖을 내다보거나, 괜히 문자 메시지를 확인하거나, 그렇지 않으면 애꿎은 화장실에만 수도 없이 들락날락하는가?

왜 평소처럼 잘 웃지도 않고 대화를 시작하지도 못하는 걸까? 아마도 당신 머릿속에는 이런 생각들이 떠다니고 있을 것이다. "여기 있는 사람들은 나랑은 비교가 안 돼. 전부 나보다 능력도 뛰어나고, 교육 수준도 높고, 정보도 많고……. 봐, 다들 얼마나 쟁쟁한 사람들이야?"

그렇게 두 시간 동안 생각만 하며 망설이다가, 마침내 용기를 내어 누군가에게 다가간다. 당신은 바로 옆에 있는 사람에게 눈도 마주치지 않은 채 뭔가 웅얼거리면서 말을 건넨다. 일생일대의 잠재 고객이었던 그는 당신의 첫마디(그리고 유일한 한마디!)를 가로막고, 건너편에 있는 사람에게 손을 흔들면서 그냥 가버린다.

당신은 조용히 그곳을 빠져나와 집으로 향한다. 역설적이게도 모든 사람들이 당신만, 당신의 실수만 쳐다보는 것 같다고 느끼면서……. 안타깝게도 당신은 있는지 없는지도 모르는 존재였는데 말이다. 설상가상으로 당신은 머릿속으로 그 중요한 잠재 고객에게 했던 첫마디를 조롱하듯이 계속해서 다시 되새김질한다. "샹그리아 어때요?"

그후 다시 용기를 내어 밖으로 나가는 데는 3개월이 걸린다.

 사람들 앞에서 편안해지는 법

사람들과 네트워크를 만드는 것에 대해서는 뒤에서 심도 있게 다루겠지만, 여기서는 당장 실천할 수 있는 몇 가지 사항만 정리해보자.

- 당신이 환영받을 수 있는 모임을 선택하라.
- 모임에 가기 전에 사람들이 왜 당신과 이야기를 나누고 싶어 할지 이유를 생각해보라.
- 모임 직전에 마음을 가라앉힐 만한 일을 하라.(글쓰기, 그림 그리기, 좋아하는 노래 듣기, 멘토에게 전화하기 등등)
- 가장 편안한 장소를 물색하라. 아마도 그곳에서 가장 조용한 곳이 될 것이다.(그렇다고 면벽은 하지 말 것!)
- 모든 이가 당신을 쳐다보고 있지 않다는 것을 기억하라.
- 다른 사람에 대해 알려고 노력하라. 집중해서 듣고, 문제를 해결해주고, 좋은 경험과 능력을 공유하라.
- 숨 쉬는 것을 잊지 마라. 우리는 종종 이 기본적인 인간의 욕구를 잊어버린다. 두세 번 깊게 심호흡을 하면 마음이 한결 편안해질 것이다.
- 물을 마셔라. 건강을 위해서, 특히 목소리 보호를 위해서는 물을 많이 마셔야 한다. 사람을 예민하게 만드는 카페인 음료는 되도록이면 피하라.

✱ 왜 다른 사람을 홍보하는 것은 쉽게 느껴질까?

당신은 어떤가? 혹시 나 자신이 아닌 다른 사람을 홍보하는 일은 훨씬 쉽게 느껴지지 않는가?

배우이며 오랫동안 TV 앵커로 활약해온 브래드 홀브룩Brad Holbrook은 이렇게 고백하기도 했다. "동료인 존에 대한 홍보를 한다고 합시다. 이 때는 별로 큰 부담을 느끼지 않습니다. 나에 대해서가 아니라 존을 위해 얘기하는 경우에는 그 결과가 실패가 됐든, 거절이 됐든, 조롱이 됐든, 훨씬 쉽게 받아들일 수 있죠."

뉴욕 UJA연합 마케팅 디렉터인 하이디 롬Heidi Rome은 "다른 누군가를 위해 이야기할 때는 혹시라도 그가 너무 오만하다거나 이기적인 사람이라는 반응이 나올까 전전긍긍하지 않아도 되니까요"라고 말하며 이런 이야기를 덧붙였다. "일을 하면서 내 관할 하에 있는 사람들을 수없이 홍보하고 때로는 승진도 시켰습니다. 그런데 그 대상이 나 자신이 되어 버리면……. 나의 가치를 증명하고 밝히는 일은 그렇게 쉽지가 않더군요. 왜 나의 성과를 대변하는 일은 그렇게 힘이 들까요? 다른 사람들의 성과를 인정받도록 애썼듯이, 나의 능력이나 성과에 대해서 알리는 것도 내가 해야 할 일인데 말입니다."

칵테일 파티에서 누군가 당신에게 다가와 말을 건다고 하자. "당신 소개를 듣고 싶은데요." 그러나 나 자신에 대해 이야기해야 하는 상황이 닥치면 간혹 눈앞이 캄캄해지면서 아무 생각도 안 난다. 이에 비해 다른 사람을 홍보하는 일은 그리 어렵지 않다. 그 이유는 무엇일까?

- 자신보다는 다른 사람의 장점을 찾아 이야기하는 것이 더 쉽다.
- 자신의 성과에 대해서는 언제나 확신을 가지지 못하는 반면, 다른 사람을 추천하여 승진시킬 때 그의 성과에 대해서는 의심하지 않는다.
- 다른 사람의 업적은 그의 재능과 노력의 결과로 인정하지만, 자신의 경우에는 운이 좋았을 뿐이라고 생각한다.
- 동료들을 홍보하고 승진시키는 것에 관대하다.

나에 대해 이야기하는 것은 뭐랄까, 마치 더럽고 오래된 지하 도서관에 들어가서 미로같이 꼬불꼬불한 복도와 계단에서 길을 잃고 헤매다가, 캄캄한 어둠 속에서 관리실 벽에 이마를 부딪히고 마는 그런 암담한 느낌? 반면에 가까운 동료들의 좋은 점을 이야기하는 것은 그저

손잡이를 돌려 문만 열고 들어가면 되는 것처럼 '식은 죽 먹기'다.

그렇다! 어쨌든 한번 문을 열어봤다면 또 못할 이유도 없다. 동료들을 위해 했다면 누구보다 소중한 나 자신에 대해서 못할 이유가 무엇인가? 물론 좀더 고심하고 꼼꼼하게 계획도 세워야 할 것이다. 엄청난 연습이 필요할 수도 있다. 많은 격려와 지원도 뒤따라야 할 것이다. 그러나 다행스러운 것은 자신을 홍보하는 일은 이렇게 연습을 통해 익숙해질 수 있는 종류의 일이라는 것이다.

잘난 척 VS 효과적인 자기 PR

대놓고 잘난 척하는 것은 말할 나위도 없지만, 조용히 자기 PR을 하는 것에 대해서도 부정적인 인식이 있는 것이 사실이다. 자기를 홍보하면서 솔직하고 편안하게 이야기하기란 그리 쉽지 않다. 사실 자기 얘기만 장황하게 늘어놓는 사람들을 만나는 것이 얼마나 지겨운 일인가? 당신은 당연히 그런 지겨운 사람이 되고 싶지 않을 것이다.

그러나 성과를 내 입으로 얘기하지 않는다면, 누군가 다른 사람이 대신 얘기해줄 때까지 마냥 기다릴 수밖에 없다. 그러다 보면 '나'라는 사람은 존재감도 없이 묻히기 십상이고, 결국 무기력과 좌절감만 느끼게 될 뿐이다. 당신이 기여한 바를 사람들이 인정하도록 만들어야 한다. 그러기 위해선 우선 당신의 가치를 인식하고, 당신이 지금 하고 있는 일이 무엇인지를 사람들에게 알려야 할 것이다.

자, 자기 PR에 대한 부정적인 사회적 통념 따윈 잊어버리자. 첫째, 당신은 장점이 많은 사람이고, 그에 대해 스스로를 홍보할 자격이 있다. 둘째, 잘난 척하지도 구걸하지도 않으면서 충분히 자신을 PR할 수 있다. 셋째, 거짓말을 하거나 같은 이야기를 계속해서 반복하거나, 일방적으로 강요하지 않아도 된다. 괜히 이기적인 사람이 될 필요도, 외향적인 사람처럼 행동할 필요도 없다. 대신 당신의 조용한 강점들을 당신만의 방식으로 빛나게 하라. 이 책은 당신에게 적합한 당신의 길을 찾을 수 있도록 기꺼이 도와줄 것이다.

잘난 척하는 것과 효과적으로 자기 PR을 하는 것의 차이점은 무엇일까? 간단히 말하면, 가장 효과적인 자기 PR은 상대방이 필요로 하는 것과 내가 제공할 수 있는 것 사이의 공통 부분을 명확하게 이야기하는 것이다. 그러므로 많은 사람들에게 당신을 제대로 알릴수록 당신은 좀더 많은 문제들을 해결할 수 있다.

자랑이나 잘난 척은 대화 상대에게 일방적으로 오로지 '내 이야기' 만 하는 것이다. 상대방은 전혀 고려하지 않고 마치 그들이 그곳에 없는 것처럼 혼자 자기 자랑만 늘어놓는 것 말이다. 내가 얼마나 우수한 존재인지, 얼마나 놀랄 만한 성과를 거두었는지, 또 얼마나 화려한 인맥을 가졌는지…….

지겨워서 게슴츠레해진 상대방의 눈을 좀 보라. 상대는 이제 끝을 모르는 잘난 척에 따분하고 몸이 뒤틀린다. 그런 사람들 때문에 한 잔더 마시겠다는 핑계로 슬쩍 자리를 피하고 싶었던 적이 당신도 한두 번쯤 있지 않은가.

어떻게 하면 사람들이 하나둘 자리를 피하는 일 없이 자기 PR을 할 수 있을까? 우선 당신이 가진 특별한 점이 무엇인가를 먼저 알아야 한다. 이 책을 통해 함께 발굴해 나갈 테지만, 당신은 이미 풍부한 자원을 가지고 있다는 것을 명심하자.

> **Tip 당신도 은근히 잘난 척하는 사람?**
>
> 평소의 자신을 생각할 때, 다음 각 항목별로 50% 이상에 해당되면 YES, 아니면 NO에 동그라미를 하라.
>
> 1. 사람들이 많이 모인 자리에서 내가 주로 이야기하며, 대부분의 대화 주제는 나에 관한 것이다.   YES   NO
> 2. 사람들에게 인상을 남기기 위해 내가 아는 유명인사의 이름을 늘어놓는다.   YES   NO
> 3. 나에 대한 이야기를 할 때, 나의 강점과 내가 이룬 성과에 대해 있는 그대로의 사실만을 이야기하는 편이다.   YES   NO
> 4. 대화 상대방의 요구를 파악하여 거기에 부합하는 나의 능력을 홍보한다.   YES   NO
>
> 위의 1, 2번이 YES에 해당한다면, 당신의 확성기를 이제 인터넷 경매에 팔아야 할 때임을 알아야 한다. 3번이 YES에 해당한다면 당신의 메시지가 상대방에게도 관련이 있는지, 상대방도 관심이 있는 사안인지 짚어볼 필요가 있다. 4번이 YES에 해당한다면, 당신은 거부감 없이 효과적으로 자신을 홍보하고 있는 것이다.

✿ 치어리더가 아니어도 괜찮아

내성적인 사람들은 누구와도 거리낌 없이 말을 잘 하는 편이 아니라서 불편했던 적이 더러 있었을 것이다. 마이어-브릭스 재단Myers-Briggs Trust의 이사 캐더린 마이어에 따르면, 이러한 일들은 '끼리끼리 문화'가 지배하는 중·고등학교에서부터 시작된다고 한다.

"내성적인 사람들은 사회적으로 또래집단의 일원이 되게 하는 행동, 즉 우르르 몰려다니며 어울려서 잡담하거나, 농담을 하거나 하는 일들을 그다지 즐기지 않습니다. 그래서 종종 여기는 내가 있을 자리가 아니라고 느끼곤 하죠.

저의 청소년기를 돌이켜보면, 내가 속했던 팀은 매년 가장 운동 잘하는 팀으로 뽑혔습니다. 또 저는 학교 신문 편집장으로 일하면서 전국에서 선별한 우등생 클럽National Honor Society의 멤버에 들어갔고, 가장 성공할 것 같은 여학생으로 뽑히기도 했지요. 그렇지만 분위기를 띄우는 '치어리더 타입'이 아니었기 때문에 그런 자리가 항상 부자연스럽게 느껴졌죠.

그러다 고등학교 3학년 때 MBTI 진단을 받았고, 이사벨 마이어와 개별 인터뷰를 하게 되었습니다. 그때 비로소 외향적인 것보다 내향적인 것을 더 좋아하는 사람도 있다는 것을 알게 되었고, 그 또한 이상한 것이 아니라 또 하나의 멀쩡한 삶의 방식이라는 사실을 깨닫게 되었습니다.

이러한 사실은 내 삶을 완전히 바꾸어 놓았습니다. 더 이상 '치어리더 타입'의 삶의 방식을 배워야 할 필요가 없어진 것입니다. 나는 나 자신으로 존재할 수 있었습니다. 지금은 내가 누구를 알든 모르든 상관없이 어떤 장소, 어떤 경우에도 편안한 마음으로 갈 수 있게 되었습니다."

수줍음과 내향성의 차이

캐더린 마이어는 "내성적인 사람들은 대체로 조용한 편이어서 내향성이 곧 수줍음 또는 숫기 없음으로 이해되기도 합니다"라고 지적한다. "그렇지만 그건 그럴 수도, 그렇지 않을 수도 있습니다. 수줍음이 대인관계에 있어 사교적인 기술이 부족한 정도라면, 내성적인 사람들은 조용하고 자족적인 성향이 강해서 마치 부끄럼을 타는 것으로 보일 수 있다는 것입니다."

심리유형 연구소의 밥 맥픽 박사의 말을 빌자면 이렇다. "개념은 다르지만, 내향성과 수줍음은 어느 정도 관련이 있는 경우가 많습니다. 사실, 내성적인 사람들이 외향적인 사람들보다 수줍음이 많은 편이긴 합니다. 그렇지만 늘 그런 것은 아니지요."

미국의 거대 의약품제조회사인 메르크앤드컴퍼니Merck &Co.,Inc.의 켄 프래이져Ken Frazier 사장은 여기에 다음과 같이 덧붙인다. "많은 사람들이 숫기 없는 것과 내향성을 혼동하는 것 같습니다. 우리 회사 사람들은 내가 내성적이라는 사실에 다들 놀라워했습니다. 파티를 즐기는 아내와 달리 나는 일할 때를 제외하고는 사람들과 약속을 만들기보다 집에 들어 앉아 책 읽는 것을 더 좋아합니다. 아내는 사람들과 같이 어울리는 것을 즐겨하지요. 어딜 가든 아내는 그곳에 있는 사람들 모두와 친분을 쌓지만, 나는 단지 한두 명 정도와 이야기를 나눌 뿐입니다."

내게도 그런 양면성이 있다. 내성적이지만 바깥 활동이 많은 나는 일을 할 때는 외향적인 사람처럼 보이고, 또 정말 그렇게 행동한다.(물론 충분히 혼자만의 조용한 시간을 보내고 나서 수면 위에 나섰을 때 비로소 그렇다.)

그래서인지 〈내셔널 저널〉의 칼럼니스트 조나단 로치Jonathan Rauch가 〈애틀란틱 매거진〉과의 인터뷰에서 한 얘기에 전적으로 공감하게 된다. "나는 태생적으로 낯선 사람들과 어울려 수다를 떨거나 잡담하는 것에는 약합니다. 하지만 어느 순간에는 완전히 기진맥진해서 지쳐버리기 전까지 꽤 활발하고 외향적인 사람으로 보이기도 한

답니다."

또한 내성적인 사람이든 외향적인 사람이든—전형적으로 외향적인 사람이라도—때로는 소심해지거나 주눅이 드는 경우가 있다.(특히 권력자나 지위가 높은 사람들에 둘러싸여 있을 때 그렇다.) 이러한 종류의 수줍음은 심리치료나 다른 형태의 자아 발견 같은 것을 통해 극복될 수 있다. 그러나 내향성은 치유의 대상이 아니다. 내향성은 병이 아니기 때문이다.

> **Note** : **내성적인 사람 VS 외향적인 사람**

　내성적인 사람들과 외향적인 사람들의 뇌구조에는 타고난 생물학적 차이가 있을까? 칼 융을 비롯한 주요 심리학자들은 그러한 주장을 해왔고, 최근에 소개되는 뇌에 관한 연구들도 이에 동의하는 제언을 하고 있다.
　MBTI를 포함한 다양한 기법에 근거하여 이루어진 연구결과를 보면 대부분의 기법들이 비슷하게 분류하고 있다. 그러니까 어느 한 모델에서 내성적인 사람이라는 결론이 나왔다면 다른 모델들에 적용해봤을 때도 같은 결과가 나온다는 것이다. 일반적으로 내성적인 사람들은 뇌활동에 있어 높은 수준을 나타냈고, 어떤 자극이 있을 때 좀더 민감하게 반응하는 편이다.
　생리심리학자이며 아이오와 대학에서 내향성/외향성과 관련된 뇌행동 양식을 연구하고 있는 데브라 존슨 박사는 "외향적인 사람들이 외부에서 자극을 찾는 반면에, 내성적인 사람들은 주로 자기 내면으로부터 자극을 받습니다. 내향성은 학습, 기억, 계획, 언어능력을 책임지는 뇌부분의 활성화와 관련이 있고, 외향성은 감각처리를 관할하는 영역과 관련이 있지요. 외향적인 사람들이 다른 사람이나 어떤 외부 상황으로부터 오는 감각적인 자극을 추구하는 것은 내적으로는 그러한 자극을 받을 수 없기 때문입니다. 따라서 내성적인 사람들은 내면 세계에 더 집중하고, 외향적인 사람들은 외적인 환경에 좀더 집중을 하는 것입니다."
　그렇다면 내성적인 것이 좋은 것일까, 외향적인 것이 좋은 것일까? 〈인디펜던트 Independent UK〉지에 "인간의 성격에 관한 연구"라는 칼럼을 쓴 다니엘 네틀Daniel Nettle 박사(《성격: 지금 당신의 모습은 어떻게 만들어진 것일까?Personality: What Makes You the Way You Are》의 저자)에 따르면, "어떤 성질이 다른 한쪽보다 절대적으로 우월하다고 단정할 것이 아니라, 양쪽 모두 강점과 약점을 함께 지니고 있다고 보는 것이 옳다"고 한다.
　네틀 박사는 여기에 덧붙여 이렇게 말했다. "자신의 성격에 대해 점수화해서 판단하는 것은 별로 소용없는 일입니다. 기본적으로 내가 나 자신을 어떻게 보느냐의 문제이므로 논리적으로 점수화할 수가 없는 것이죠. 다만 다른 사람들에 비해 어떤지 비교해보거나, 당신과 비슷한 사람들이 경험으로 터득한 강점과 약점에 대한 심리학적 지식을 살펴본다는 측면에서는 참조할 수 있을 것입니다."

❋ "나는 어떤 공이든 받을 수 있어!"

기업에서 교육부장을 하고 있는 나의 고객 코널리. 그는 머릿속에 끊임없이 떠오르는 부정적인 방해공작에도 불구하고 자신의 재능에 제대로 집중할 수 있는 길을 찾았다. 그는 예전에 상사와 얘기할 때면 머릿속으로 "나는 저 사람과 게임이 안 돼"라고 부정적인 메시지를 되뇌곤 했다고 했다.

나는 코널리에게 그렇게 하는 대신 그가 최고로 잘할 수 있는 일을 할 때의 모습을 그려보라고 했다. 그는 마침내 뛰어난 기량과 자신감이 넘치는 야구선수로서 외야에 서있는 자신의 모습을 상상하면서 이렇게 외쳤다. "나는 어떤 공이든지 받을 수 있어!" 코널리는 특별히 어려운 상황에 직면할 때마다 이 확신에 찬 긍정적 메시지를 반복했고, 이것은 결국 그의 마법의 주문이 되었다.

삶의 모토에 대해서는 뒤에서 좀더 논의하겠지만 자신에게 전할 긍정적인 메시지는 지금부터 생각해보는 것이 좋겠다. 코널리는 늘 상기할 필요가 있는 다른 문구들과 함께 자기 확신의 모토를 작은 카드에 적어 코팅까지 하였다. 그는 중대한 이해관계가 걸린 회의 직전이라든가 사기를 북돋을 필요가 있을 때마다 이 카드를 지갑에서 꺼내어 읽어보곤 한다. 그의 카드 속에 담긴 내용은 다음과 같다.

> **부정적인 자기대화에 대처하는 코널리의 해독解毒 카드**
>
> - 준비 사전에 확인하고 대비하라.
> - 호흡 열 번 깊게 심호흡을 하라.
> - 모토 "나는 어떤 공이든지 받을 수 있다."
> - 태도 양 발에 단단히 중심을 잡고, 고개를 들고, 어깨는 뒤로 쭉 펴라.
> - 목소리 또박또박 낮은 톤으로, 그러나 큰 목소리로 질문을 하면서 상대에게 관심을 보여라.

코널리의 카드를 당신의 버전으로 만들어보라. 긍정적인 사고들이 재충전되면서 당신 귓가에 맴도는 심술궂은 악마의 부정적인 목소리를 물리칠 수 있을 것이다. 부정적인 내면의 메시지를 조절하기 위해서는 매일매일의 관리가 필요하다. 스트레스가 많은 경우에는 특별히 더 그렇다.

나 역시 힘든 일이 있을 때는 내 자신에게 보내는 메시지에 대해 좀 더 신경을 쓴다. 내가 잘하는 것을 북돋아주고, 긍정적인 상황에 나를 가져다 놓고, 나를 믿어주는 사람들에게 의지하여 부정적인 속삭임에 맞서 응수하는 것이다. 당신도 곧 당신에게 가장 효과적인 방법을 찾게 될 것이다.

완벽주의의 횡포

부정적인 내면의 메시지와 더불어 우리가 극복해야 할 또 다른 대상은 모든 것을 한 치의 오차도 없이 해내야 직성이 풀리는 완벽주의이다.

이런 경우를 한번 생각해보라. 당신이 유명 법률사무소의 높은 연봉을 받는 일자리를 얻기 위해 면접을 보고 있다고 하자. 당신의 능력이나 경력은 그 회사, 그 자리에 딱 적격이다. 장장 네 시간 동안 계속된 질문에도 불구하고 세 명의 면접관의 연속적인 인터뷰에서 훌륭하게 대답을 해냈다.

그런데 한 가지 실수가 있었다. 마지막 인터뷰에서 장차 직속 선배가 될 여자 면접관에게 인사를 할 때 아주 작은 침폭탄을 발사하여 그녀의 뺨에 튀게 한 것이다. 그녀는 눈치 채지 못한 듯했다. 당신은 그 자리에서는 침착했지만, 나중에 인터뷰 과정을 되풀이하여 돌이켜보며 완전히 망했다고 확신한다. 왜? 오로지 당신은 그 면접관에게 침을 튄 사실만을 되뇌고 있으니까!

그리하여 당신의 완벽주의는 당신의 부정적인 자기 평가에 이렇게 불을 붙인다. "침을 튀다니 난 정말 바보천치야. 침 때문에 모든 걸 망쳤어." 그리고 침이 날아가는 장면을 느린 동작으로 몇 번이고 반복해서 떠올리면서 오로지 잘못된 점에만 집착한다. 그것만 제외하면 잘한 것이 압도적으로 더 많은데도 불구하고 다른 것들은 모두 안중에도 없다.

미국의 배우 치타 리베라는 완벽주의와 부정적인 내면의 메시지라는 두 가지 악마에 대항할 수 있는 확실한 시각과 지혜를 이렇게 제시한 바 있다. "좀 마음에 들지 않더라도 당신이 하는 일을 즐기세요. 그것들이 다 뼈와 살이 될 것입니다. 모든 것에는 다 배울 점이 있기 때문이죠." 그리고 우리가 쉽게 잊어버리는, 그러나 기억해야 할 중요한 관점에 대해 다시 한 번 상기시켜 주었다. "너무 심각하게 자신을 몰고 가려 하지 마세요. 어떤 경우에도 유머를 잃지 마세요."

나의 경우는 어떠한가. 나는 어떻게 부정적인 내면의 메시지와 완벽주의를 다스려 이 책을 마침내 세상에 내보낼 수 있었을까? 고백하자면 글을 쓰는 작업은 사람을 육체적, 정신적으로 굉장히 괴롭히는 일이다. 내 안에 있는 모든 악마들을 총출동시키는 일이었다고 할까? 마치 《오즈의 마법사》의 악동 같은 원숭이들이 내 한마디 한마디를 옭아매고 있는 것 같았다. 초안이 내 기대에 미치지 못하면(사실 그것은 당연한 일이거늘), 원숭이들은 비명을 지르며 나를 비난해댔다. 나는 성격상 그것을 견디지 못하고 결국 중단하기 일쑤였다.

그러나 이번에는 굴복하지 않았다. 그리고 내 자신에게 질문을 했다.

> 첫 번째 질문: 무엇을 성취하기를 바라는가?
> ➡ 대답: 내성적인 사람들이 사회적으로 성공하는 데 도움이 되는 책을 쓰고 싶다.
> 다음 질문: 목표를 달성하기 위해 어떤 자원을 가지고 있는가?
> ➡ 대답: 내성적인 사람으로 기업가이자 법인 부사장으로 현장에서 일하면서 터득한 비법과 기술들을 많이 축적해 놓았다. 최근에는 비즈니스 커뮤니케이션 컨설턴트이자 강연자로서 많은 내성적인 사람들이 외향적인 사람들의 세계에서 성공할 수 있도록 지원해왔다.
> 마지막 질문: 책을 쓰면서 가장 큰 걸림돌이 되었던 것은 무엇인가?
> ➡ 대답: 두려움. 특히 나를 잡아끌며, 처음 한 발자국조차 내딛지 못하게 만드는 나에 대한 부정적인 자기 평가, 그리고 완벽주의의 횡포가 문제였다.

당신의 인생에, 경력에 정말이지 중요한 일임에도 불구하고 두려움 때문에 글을 쓰지도, 입을 떼지도, 한 발자국 내딛지도 못하고 있는가? HOD컨설팅의 CEO 시미사니 누구구Simi Sanni Nwogugu는 이에 대해 적절한 조언을 해준다. "이따금씩 머리를 비우세요. 재미나고 기분이 상쾌해지는 활동을 하는 것이 가끔은 필요해요. 그런 다음 새로운 에너지를 가지고 다시 책상 앞에 앉아 보세요. 최고의 자각은 간혹 우리가 너무 열심히 집중하지 않을 때 생기기도 하니까요."

❋ 당신의 지지자는 누구인가

대부분의 사람들은 외부 지원자로부터 도움을 받을 때 좀더 수월하게 목표를 달성할 수 있다. 누가 당신의 성공을 가장 축하해줄 사람들인지를 따져보라. 친구와 가족, 동료, 멘토, 봉사활동하면서 알게 된 사람들을 포함하여 당신의 드림팀을 구성할 지지자들의 리스트를 작성하라.(나는 이 '드림팀'이라는 단어를 좋아한다. 드림팀은 1992년 올림픽에서 마이클 조던, 래리 버드, 매직 존슨 등의 활약으로 금메달을 거머쥔 미국 농구팀에 바쳐진 찬사이기도 하다.) 기존의 관계를 강화하든 새로운 관계를 만들어 가든, 당신이 관계를 쌓아나갈 수 있는 사람들을 드림팀에 포함시켜라.

출발 드림팀!

다음 표의 맨 왼쪽에 드림팀에 들어갈 현재, 그리고 앞으로 예상되는 멤버들의 이름을 적어라. 그리고 오른쪽의 내용 가운데 각 멤버들이 당신에게 제공하는 지원의 유형에 따라 해당하는 곳에 체크를 하라. 한 사람을 여러 칸에 복수로 체크할 수도 있다.

이제 당신의 드림팀을 만들었으니 실제로 도움이 되는 연습을 한 번 해보자. 2005년도 〈하버드 비즈니스 리뷰〉에 실린 "당신의 강점을 발휘하는 방법How to Play to Your Strengths"이란 글에서 다루었던 내용인데, 나에게 컨설팅을 받은 많은 고객들이 이 연습을 통해 톡톡히 효과를 봤다고 한다. 자신의 강점을 강화하면서 지지기반을 더 튼튼하게 만들 수 있었다는 것이다. 시작해볼까?

- 드림팀 멤버 가운데 3~5명 정도를 뽑는다. 그들에게 좀더 눈에 띄는 존재가 되기 위한 당신의 노력, 그리하여 결국엔 개인적으로나 사회적으로 한층 더 발전하기 위한 당신의 노력을 돕는 차원에서 10~15분 가량만 시간을 할애해줄 수 있는지를 물어본다.
- 위의 내용에 동의한 사람들을 대상으로 그들이 당신에 대해 가장 높이 평가하는 점이 무엇인지를 세 가지만 꼽아 이메일로 보내달라고 부탁하라. 성격이나 재능, 성과나 선행 등 무엇이든지 가능하다. 이 목록에서는 비판적인 내용은 배제하고 오로지 긍정적인 측면만 살펴보기로 한다.

현재의 드림팀

성명	절친한 친구	조언자	지도자	격려자	기타 (상술할 것)

드림팀에 추가할 예상 후보자

성명	절친한 친구	조언자	지도자	격려자	기타 (상술할 것)

- 피드백 받은 의견들을 검토하고, 당신이 당연하다고 여겨온 것들에 대해 그들은 어떻게 평가하고 있는지 다시 생각해보라.
- 취합한 조언들을 출력해서 가까이 지니고 다녀라.

이 훈련을 마친 사람들은 그들의 드림팀으로부터 받은 이러한 지지 발언으로 인해 얼마나 용기를 얻었는지 모른다고 고백하였다. 이것은 단지 잠깐 동안 기분 좋은 일일 뿐만 아니라, 당신의 존재를 부각시키기 위한 노력에 강력한 토대를 마련해줄 것이다. 잠시 일을 멈추고 관련된 사람들에게 당신이 미친 긍정적인 영향에 대해 생각해보라. 당신이 얼마나 능력 있는 사람인지, 또 얼마나 재능이 많은 사람인지를 이렇게 구체적으로 증언한 것을 받아본 느낌이 어떠한가?

당신은 칭찬을 받으면 어떻게 반응하는 편인가? 한사코 피하는가? "전 그런 칭찬 받을 만한 자격이 없어요"라고 말하는가? 당신은 자신도 모르는 사이에 칭찬을 과소평가하는 데 익숙해져 있는지도 모른다. 칭찬을 부정하는 것은 스스로에 대한 비하가 될 뿐 아니라 당신을 칭찬한 상대방을 무안하게 만드는 일이기도 하다. 그의 판단을 의심하거나 그의 수준이 낮은 것으로 치부해버리는 결과가 될 수 있으니까. 이제 고마운 마음으로 기꺼이 "감사합니다"라고 말하길 바란다.

당신을 부정하려는 사람들을 어떻게 다룰 것인가

칭찬이 사기를 높여주듯이, 비판은 당신의 에너지를 고갈시켜 주목받는 존재가 되고자 하는 당신의 노력들을 방해할 수 있다. 혹시 주변에 언제나 당신의 약점을 일깨우고, 당신이 일군 성과에 대해서는 인색하고, 때로는 당신을 비방하는 친구가 있지는 않은가? 부정적인 자기평가와 싸우는 것만으로는 부족하기라도 하듯 당신의 주변엔 이런 사람들이 꼭 있다.

오페라 가수이자 배우인 메이들린 아벨컨스Madeline Abel-Kerns는 이렇게 조언한다. "나도 그런 친구들이 있긴 하지만 그들과 어울릴 여유까지는 없어요. 발성 지도를 하는 선생님 중에도 내게 비판적인 사람들이 있었는데, 나는 주로 칭찬과 격려를 많이 해주는 사람들을 의식적으로 찾는 편입니다. 나 역시 학생들을 대할 때 많이 북돋아주려고 하고 있지요. 그렇게 하지 않으면 배우는 과정이 너무 삭막하고 힘들어질 겁니다.

데뷔 초만 해도 나는 스스로에 대해서 자신이 없었어요. 그래서 누가 나에 대해 부정적인 평가를 하면 그저 그대로 받아들였죠. 그렇지만 지금은 그러지 않아요. 나 자신을 격려하기 위해 더 열심히 하는 만큼 다른 이들로부터도 좋은 평가를 받기를 기대하죠."

다른 사람들이 말하는 내용을 조절하지는 못할지라도 당신이 주로 누구와 시간을 보낼 것인지를 조절할 수는 있을 것이다. 무엇 때문에 부정적인 사람들을 만나 안 좋은 소리를 들으면서 에너지를 소비하고 있는가? 당신을 부정하려는 사람들을 분별할 수 있는 두 가지 척도를 정리하자면 이렇다.

- 당신이 성공 사례에 대해 얘기하고자 하면, 그들은 주제를 다른 데로 돌려 다른 사람과 비교하면서 당신의 성과를 평가절하하거나, 적어도 그들이 당신보다 한 수 위라고 이야기한다.
- 그들은 당신을 불쾌하게 만든다. 당신이 듣기를 원하지 않는데도, 혹은 당신에 대해 얘기할 시점이 아닌데도 솔직하게 얘기한답시고 달갑지 않은 말을 꺼내곤 한다. 그러나 피드백은 받아들일 자세가 되어 있을 때 효과가 있는 것이다.

에어 아메리카 라디오의 창립자이자 '데일리쇼'의 개발자인 리즈 윈스테드Lizz Winstead는 이에 대해 이렇게 말한다. "당신을 비방하는 사람들이 살아온 길을 들여다보면, 끝내 포기하기로 한 꿈이나 희망이 있을 겁니다. 그래서 당신이 좀더 좋은 세상을 만들려고, 또는 좀더 나은 사람으로 거듭나려고 애쓰는 모습을 보면 속으로 배가 아픈 것이지요. 그들은 당신에게 꿈을 좇지 말라고 얘기할 것입니다. 그들이 이루지 못한 성공을 당신이 해내는 것을 보고 싶지 않기 때문이죠."

당신의 잘못만을 일깨우는 사람들

마켓워치 라디오 네트워크의 앵커인 스티브 오어Steve Orr는 이렇게 말한다. "방송을 맡지 못하고 있던 때가 있었습니다. 일하면서 가장 비참한 시절이었죠. 사람들은 나를 마치 공장 부품처럼 대했어요. 어느 날 책임자에게 찾아가 내 데모 테이프를 건넸더니 내게 이런 직격탄을 날리더군요. '어느 정도 수준은 되어야지. 당신은 아직 한참 모자라.'"

오어는 그 당시 자신이 어떻게 대처했는지를 떠올리며 이렇게 덧붙였다. "두 가지로 반응할 수 있었겠죠. '맙소사. 난 정말 형편없어. 그는 내 목소리도, 스타일도 맘에 들어 하질 않아. 난 정말 왜 이다지도 무엇 하나 잘하는 게 없을까' 하고 주저앉을 수도 있었을 것입니다. 하지만 나는 그것을 더 큰 도전의 계기로 삼아 그곳을 박차고 나왔고, 마침내 앵커가 되었죠. 지금은 더 좋은 방송국에서 좀더 높은 위치에 올라 두 배도 넘는 돈을 받으며 일하고 있습니다.

누군가 당신을 인정하지 않는다고 해서 스스로에 대한 신뢰가 흔들려서는 안 됩니다. 목표를 이루기 위해 안간힘을 써서 내 안의 자신감을 끌어모아야 하고, 나를 깎아내리려는 사람들이 이기도록 그냥 놔두지 말아야 합니다."

당신을 비난하고 부정하는 사람들을 어떻게 해야 할까? 그들과 만나고 나면 왠지 기분이 나빠진다. 그들은 당신을 신뢰하지도, 진정으로 이해하지도 않으며, 어쩌면 당신을 경쟁자로 생각하거나 질투하고 있을지도 모른다. 그런데도 당신은 습관상, 아니면 그들에게 상처를 주지 않으려고, 혹은 거리를 둠으로써 생길 관계의 혼돈을 우려해서 계속해서 그들을 만나고 있다.

감히 단언하건대, 당신에게 잘못만을 일깨우는 사람을 계속 만날 필요는 없다. 당신은 지금 가장 먼저 누구와 거리를 두어야 할까? 오페라 가수 아벨컨스는 삶을 행복하게 만드는 비결을 이렇게 귀띔한 바 있다. "긍정적인 환경에서 일할수록 내 삶에서도 긍정적인 에너지가 샘솟는다는 사실을 잊지 맙시다."

긍정의 목소리에 채널 고정

부정적인 내면의 메시지에 대해 강하고 확실하게 반박하는 것은 적지 않은 도움이 될 수 있다. 종이를 꺼내 항상 자신에게 되뇌는 부정적인 메시지 중 가장 대표적인 것 세 가지를 적어라. 그리고 오른쪽 칸에는 그에 대한 반박 내용을 적어라. 아니면 최소한 어떤 대응이라도 적어 넣어라. 사실에 기반해서, 그리고 당신의 가장 열렬한 드림팀 멤버라면 어떤 이야기를 할 것인가에 근거해서 논박하도록 하라. 필요하다면 그들에게 직접 물어보는 것도 좋다.

부정적인 자기평가	반박 내용
예: 나는 좀 중요한 사람한테는 말도 제대로 못해.	예: 그건 아니지. 내가 누군데, 소비자와의 관계에서 심각한 문제가 있을 때마다 전략가로서 적절하게 위기관리를 해서 위기에 빠진 조직을 다시 살려온 사람이야.

당신을 비난하는 말들은 그간 들을 만큼 들었다. 당신은 그것을 극복할 수 있다. 아니면 소리라도 낮추고, 한 귀로 듣고 한 귀로 흘려버릴 수 있다. 이제 당신의 드림팀이 지원하는 새로운 채널로 다이얼을 돌려라. 그곳에서는 당신에 대해 완전히 다른 이야기들을 들려준다. "당신은 언어에 놀라운 소질이 있군", 또는 "관찰력이 뛰어나고 디테일을 보는 날카로운 눈을 가졌어."

어느 날 어디에서도 칭찬의 말을 듣지 못하더라도, 당신에게는 언제나 당신을 지지하는 채널이 있다. 습관적으로 당신을 비난하는 채널이 작동하려고 하면, 당신에겐 언제든지 당신을 긍정하는 채널을 선택할 기회가 있음을 기억하라.

아래 빈칸에 차별화할 수 있는 당신의 장점과 성과 세 가지를 각각

적어 넣어라. 앞서 드림팀으로부터 받은 장점에 대한 피드백을 참조하여 가능한 한 명확하고 구체적으로 표현하라.

나의 장점
1. _____
2. _____
3. _____

나의 성과
1. _____
2. _____
3. _____

❋ 집중하는 것에 발전이 있다

머릿속에서 쉴 새 없이 돌아가고 있는 자신에 대한 부정적인 메시지를 어떻게 다룰 것인가. 중요한 것은 그것을 스스로 잘 인식하는 것이다. 리더십 트레이닝 매니저 앤 하울Anne Houle은 "그 메시지들에 일리가 있고 그런 지적을 해준 것에 대해 고맙게 생각할 수도 있지만, 딱 거기까지만! 이제는 다른 곳에 집중해야 한다"고 강조한다.

언젠가 남극 탐험가이자 환경운동가인 루이스 고든 푸우Lewis Gordon Pugh가 〈뉴욕타임스〉에 기고한 "집중하는 것에 발전이 있다"라는 글을 읽은 적이 있다. 그가 얼음물 속에서 가장 오래 수영하는 기록을 갱신하기 위해 노르웨이에 있는 얼음호수 속으로 다이빙했던 경험을 실은 내용이었다. 전문가의 얘기로는 보통 사람이 그런 시도를 한다면 단 몇 초 만에 불구가 될 수도 있고, 2~3분 안에 죽을 수도 있다고 한다.

푸우가 물에 뛰어들기 직전에 그의 코치는 짧은 격려의 말을 했다.

"너는 수영 역사에 길이 남을 개척자야. 전 세계 5대양을 수영한 사람은 너뿐이야. 북극해랑 남극해를 정복한 사람은 너밖에는 없잖아."

푸우는 얼음물에 풍덩 뛰어들었다. 어린이들은 노르웨이 국기를 흔들면서 "루이스, 빨리! 빨리!"라고 응원했다. 마침내 푸우는 과호흡증후군과 추위, 피로에도 불구하고 1200미터를 23분 50초 동안 수영함으로써 세계 신기록을 수립했다. 만일 푸우의 코치가 경기 전에 이런 얘기를 했다면 상황은 어떻게 되었을까? "루이스, 두려워 보이는데 오늘 괜찮겠니? 그러게 엄마 말대로 회계사나 될 걸 그랬지 뭐야. 나는 구명보트에서 기다리고 있을게. 행운을 빈다. 자, 출발해!"

출발을 알리는 총성이 울리고 무슨 일이 벌어졌을까? 자고로 "집중하는 것에 발전이 있다."

불가능을 가능케 하는 작은 엔진

"집중하는 것에 발전이 있다"는 구절을 되뇔 때마다 떠오르는 또 한 명의 훌륭한 수영선수가 있다. 바로 마이클 펠프스 Michael Phelps다. 모든 금메달을 휩쓸면서 올림픽 스타가 된 펠프스는 주의력 결핍 과잉행동장애 ADHD가 있는 열등한 학생이었다. 학창 시절 펠프스의 선생님은 그의 어머니에게 "펠프스는 어떤 일에도 집중할 수 없을 거에요"라고 말했다고 한다.

그럼에도 불구하고 펠프스는 어린 시절 물속에서의 공포를 '나는 다른 물고기들보다 빠르게 수영하는 것을 좋아하는 아주 큰 물고기'라는 생각을 하면서 극복해냈다고 한다. 그는 가족들과 코치의 지원에 힘입어 '할 수 없다'는 주변의 평가에 아랑곳하지 않고 물을 통해 세상으로 나아가는 것에 집중하였다. 마침내 2008년 베이징올림픽의 스타로 우뚝 서기까지 말이다.

'불가능을 가능케 하는 작은 엔진'에 관한 이야기는 이렇게 언제 들어도 가슴이 뭉클해진다. 실제 당신의 삶에서는 이것을 어떻게 구현시킬 것인가?

지금까지 당신의 존재를 부각시키는 데 방해가 되는 부정적인 내면의 메시지에 대해서 어떻게 대처할 것인지, 당신에게 어떤 굉장한 면모가 있는지, 그것을 어떻게 명확하게 표현할 것인지에 대해 이야기를 나눠보았다. 다음 페이지에서는 당신의 장점을 좀더 구체적으로 알아보는 방법에 대해 논의할 것이다. 그것은 결국 당신이 해내야 할 일이다. 누가 대신할 수 있겠는가?

❋ 숨어 있는 강점을 발굴하는 방식

내성적인 사람들에게 자기 PR이란 첫째는 생각이고, 그 다음은 행동이고, 그 다음은 자기가 한 행동을 다시 한 번 되새겨 보는 것이다. 내성적인 사람들은 자기가 가진 내면의 보물을 탐사하고 발굴해서 바깥 세상에 내놓기 위해 정제하는 데 매우 적합한 특성을 가지고 있다. 그러므로 우리가 가진 능력을 정교하게 다듬을수록, 자기 PR의 효과는 더욱 강력해질 수 있다.

광고회사의 인사관리 매니저였던 마가렛 고메즈Margaret A. Gomez는 이렇게 말하기도 한다. "그 보물들을 검토해보세요. 그게 바로 당신입니다. 그것이 당신이 가지고 있는 가치이자, 당신이 만들어낼 영향력이고, 당신이 가질 수 있는 차별화 포인트입니다. 바로 어느 누구도 복제할 수 없는, 당신의 DNA랍니다."

당신의 DNA

자, 발굴에 들어갈 준비가 되었는가? 주로 혼자나 둘이서 움직이는 것을 선호하는 내성적인 사람들이 두각을 나타내는 활동들을 먼저 검토해보기로 하자. 다음 각 항목들에 대해 1에서부터 5까지 점수를 매겨라. 가장 약한 경우에 1, 가장 강한 경우에 5까지 점수를 주어 각 항목별 능력을 측정해보자.

- 연구, 조사 _____
- 집중, 전념 _____
- 전문성 확보 _____
- 말이나 행동을 하기 전에 생각하기 _____
- 쓰기 _____
- 독립적으로 일하기 _____
- 깊이 있고 지속적인 관계 구축 _____
- 주의를 기울여 경청하기 _____

당신이 가지고 있는 내향적인 측면의 강점들을 평가해보니 어떤 생각이 드는가? 이 강점들 가운데 어떤 것이 당신의 존재를 부각시키는 데 공헌을 할 수 있을까? 당신의 주목도를 높이는 데 도움이 될 만한 다른 장점들은 또 어떤 것들이 있을까?(예를 들면, 지구력, 신용, 창의력, 기술력 등)

우리는 스스로가 가진 강점들에 대해 너무 익숙한 나머지, 대부분이를 당연한 것으로 생각하곤 한다. 또한 당신의 어떤 강점이나 장점이 고객이나 관리자, 그리고 타깃으로 하는 상대방에게 중요할 것인가에 관심을 갖기보다는 내세울 만한 확실한 성과(혹은 그것의 부족한 점)에 초점을 맞추려는 경향이 있다.

내가 가진 장점과 성과들을 더 발견해내기 위해서 다시 한 번 스스로에게 다음과 같은 질문을 던져보자. 외향적인 당신의 동료들이 외부 활동으로 바쁜 와중에 자료를 모으고, 분석하고, 곰곰이 생각하고, 말없이 전략까지 짜는 데 시간을 보내는 것을 더 좋아하는 당신에겐 그리 어렵지 않은 일일 것이다.

- 당신이 일군 성과 가운데 가장 자랑스럽게 생각하는 것은 무엇인가? 당신이 가진 장점 중 어떤 부분이 발현된 것인가?
- 문제를 해결하여 다른 사람을 도왔던 경험을 짧게 적어보라. 그 문제를 해결하기 위해 사용한 당신의 장점은 무엇이었는지 세 가지만 기술하라.
- 가장 최근에 누군가에게 감사하다는 인사를 받은 일은 무엇인가?(반드시 일과 관련된 것만 꼽을 필요 없다.)
- 가장 충실한 지지자에게 당신을 좋아하는 이유 세 가지를 말해 보라고 한다면, 과연 어떤 대답이 나올까?
- 존경하는 사람은 누구인가? 그 사람의 어떤 점을 가장 존경하는가?

이들 질문에 대한 당신의 답변을 살펴보라. 어떤 생각이 떠오르는가?

좀더 깊이 파고들어간 보물의 사정

이번 연습 과제는 앞에서 파악한 당신의 장점들을 활용하는 것이다. 이 훈련은 당신이 가지고 있는 특별한 점과 차별화 포인트가 무엇인지, 이 장점들을 발휘하지 못하게 방해하는 것이 무엇인지, 그리고 당신의 장점들이 발현되도록 이끌어내는 것은 무엇인지 밝혀내는 데 도움이 될 것이다. 당신의 장점들을 세세하게 알아가는 과정이 당신의 존재를 부각시키는 것이나 더 많은 돈을 버는 것과 무슨 상관이 있는지 의심할지 몰라도, 이것은 그야말로 자기 PR을 성공적으로 수행하기 위한 핵심적인 내용이다.

다음 페이지에 나오는 표에 당신의 장점들에 대한 목록을 만들고, 그에 대한 각각의 차별화 포인트와 우수한 점을 쓰되, 가능한 한 구체적으로 작성하라. 일과 관련된 것이든 사생활과 관련된 것이든, 내향성에 관한 것이든 다 적길 바란다. 이 책은 주로 당신의 비즈니스 관련 부분에 초점을 맞추고 있지만, 이번 훈련에서는 당신과 관련하여 떠오르는 긍정적인 성격을 모두 적어보라.

가령 내 고객 중 한 명은 뛰어난 문제해결 능력, 탁월한 직관력, 그리고 큰 그림을 볼 줄 아는 예리한 통찰력 등을 세세하게 써내려갔다.

"당신이 가진 장점의 차별화 포인트 및 특별한 점은 무엇인가?"라는 칸을 채우기가 힘들다면, 앞에서 만든 당신의 드림팀 멤버에게 도움을 요청하는 것도 좋다.

"당신의 장점을 가로막는 것은?"이라는 항목에서는 당신을 괴롭히거나, 명예를 훼손시키거나, 과소평가하거나, 위협하고 좌절시키는 모든 것들을 떠올려라. 나의 경우를 예로 들자면, 지나친 소음, 많은 사람들, 나쁜 냄새, 과도한 시각적 자극이다. 이런 것들에 노출되면 나의 내향적 자아는 마치 거북이처럼 보호껍데기 안으로 숨어버린다.

맨 오른쪽의 "당신의 장점을 이끌어내는 것은?" 항목에서는 내부적이든 외부적이든 당신이 왕성하게 활동하도록 격려하는 모든 요소들을 생각해보라. 내성적인 사람들은 대체로 조용한 장소를 찾는다든지, 마음을 진정하기 위해 음료수를 마신다든지, 좋아하는 음악을 듣는다든지, 조언자와 이야기를 나눈다든지, 낮잠을 잔다든지 하는 행동들을 한다고 적는 편이다. 표의 첫 번째 줄에는 오페라가수 메이들린 아벨컨스의 답변을 기록해두었으니 참조하라.

최근 각광을 받고 있는 긍정 심리학 분야에서는 장점을 인식하는 것의 중요성에 대해 많은 글들이 쏟아져 나왔다. 마틴 셀리그만Martin Seligman, 탈 벤 샤하르Tal Ben-Shahar, 탐 래스Tom Rath, 마르쿠스 버킹햄Marcus Buckingham, 그리고 장점 심리 운동의 창시자 도날드 클리프톤Donald Clifton, 캐롤라인 아담스 밀러Caroline Adams Miller, 세니아 매이민Senia Maymin, 그리고 마가렛 그린버그Margaret Greenberg 등이 쓴 책과 기사를 보면 이 중요한 개념에 대해 좀더 탐구할 수 있을 것이다.

당신의 장점: 아래 다섯 가지 장점을 쓰고 그 중 내향적인 측면의 장점에 동그라미를 하라.	당신의 장점을 차별화시키고 특별하게 만드는 것은?	당신의 장점을 가로막는 것은?	당신의 장점을 이끌어내는 것은?
메이들린 아벨컨스의 경우: 카리스마	공연에서든 1대1관계에서든 술수 쓰지 않고 정직하게 사람들과 가까워지는 능력	사람들이 나를 어떻게 생각할까 하는 걱정	나 자신을 믿는 것
1.			
2.			
3.			
4.			
5.			

세계적으로 인정받는 조각가이자 윌리암 패터슨 대학의 교수인 미카엘 리Michael Rees는 이렇게 말했다. "인간은 누구나 많은 장점과 자원을 가지고 있습니다. 상황마다 각각 다른 장점들이 요구될 뿐이지요. 당신이 어느 위치에 있든지 그 모습 그대로를 인정하세요. 앞도 보지 말고, 뒤도 보지 말고요. 당신이 있어야 한다고 생각하는 자리에 있지 않다고 스스로를 꾸짖는 일은 하지 말아야 합니다." 미카엘 리 교수는 이와 같은 장점들을 근육에 비유하면서, 그것을 단련하기 위해서는 계속해서 운동을 시켜야 한다고 강조하기도 했다.

자, 이제 당신의 장점들을 발굴해냈다. 그럼 어떻게 그것들을 더욱 확고하게 강화해나갈 것인가?

❋ 나만의 모습으로 승부하라

우피 골드버그에서 도날드 트럼프에 이르기까지 성공한 사람들이 세상의 주목을 받는 방식은 각양각색이다. 그러나 그들에게 유효한 방법이 당신에겐(특히나 내성적인 당신에게는) 맞지 않을 수도 있다. 자기를 알리는 방법에 정해진 길이 없듯이, 자기 PR의 목표도 다 같을 수는 없다. 이제 나에게 적합한 길을 찾아 내가 원하는 목표를 이루는 것이 어떤가.

나 자신을 홍보하는 것이 처음엔 불가능한 일처럼 여겨질 수도 있다. 그러나 포기하지 말길 바란다. 내성적인 사람들의 특기인 깊이와 집중력을 발휘한다면 어렵지 않게 이 과정을 소화할 수 있을 것이다. 주저할 것 없다. 내가 가진 재능을 나만의 방식으로 세상에 보여주고 소통하고 공유하면 되는 것이다. 나만의 독특함을 담아 내 고유의 목소리로, 있는 그대로의 나의 모습을 크고 명료한 목소리로 이야기할 날이 멀지 않았다.

스타트랙의 주인공 레오나드 니모이도 이렇게 말하지 않던가. "우리는 내면으로부터 자기만의 고유한 목소리를 찾고자 노력하고 있지요. 그리고 그것을 찾아냈을 때 비로소 행복해질 수 있습니다."

때로는 '우리'가 아닌 '나'의 이름으로

열심히 일하는데 알아주는 사람이 없어서 힘이 빠지는가? 솔직히 남보다 몇 배는 더 열심히 일하고 있는 것 같은데……

사실 스포트라이트를 받는 일은 내성적인 사람들에게는 큰 도전이라 할 수 있다. 그저 일에 몰두하고 매달릴 줄만 알았지, 그 결과를 나의 공으로 만들어 인정받는 데는 영 서툴고 소홀한 사람들이기 때문이다. 자, 무엇이 어떻게 바뀌어야 할까?

브로드웨이의 전설적인 여배우 치타 리베라는 이렇게 조언한다. "자기 자신을 자랑스러워해야 합니다. 무엇보다 현재의 내 모습과 내가 하고자 하는 일에 대해 자긍심을 갖는 것이 중요해요. 만나는 친구도 신중히 선택할 필요가 있어요. 항상 좋은 에너지를 옆에 두는 것이 좋아요. 믿고 지지해주는 친구들을 가까이 두세요. 당신은 그들에게, 그들은 당신에게 서로 발전적인 자극이 되어줄 거예요." 어떤가. 당신도 공감하는가?

명품관으로 유명한 삭스 피프트 애비뉴Saks Fifth Avenue의 리더십 트레이닝 매니저인 앤 하울은 이렇게 말했다. "우선 내가 원하는 것이 무엇인지부터 명확히 해야 합니다. 자신을 홍보하는 일에 있어 잘못된 통념 중에 하나가 '모든' 사람들에게 나의 '모든' 것을 알려야 한다고 생각하는 것입니다. 그건 전혀 맞지 않습니다."

메이저 투자은행의 기술 부문 부사장으로 있는 에이미 제이콥스 Amy Jacobs는 이렇게 말했다. "언제 '우리'와 '나'를 구분하여 사용할 것인지에 대해 생각해봐야 합니다. 저도 처음부터 그렇게 해왔던 것은 아닙니다. 어떤 일이 좋은 평가를 받았을 때 그 공은 팀 전체에게 돌려져야 한다고 생각해왔으니까요. 그런데 어떤 아이디어가 전적으로 내 것이라면, 그 아이디어에 대해서 얘기할 때는 '우리'라는 말 대신 '나'를 내세울 필요가 있다는 사실을 깨닫게 되었습니다."

이번에는 세사미 스트리트Sesame Street의 재단 부사장인 루이스 번스타인Lewis Bernstein 박사의 말을 들어보자.

"우리 모두는 각자 특별한 존재이자 독특한 가치를 가진 하나의 완전한 우주라고 할 수 있습니다. 세사미 스트리트에 나오는 수줍음 많은 내 친구 그로버처럼, 우리는 어떻게 해서든지 우리의 잠재적인 열정과 능력에 불을 붙여서 부글부글 거품이 끓어 넘치도록 해야 합니다. 우리의 가치를 밖으로 끄집어낼 수 있도록 말입니다. 그러기 위해서는 연습과 훈련이 필요할 것입니다. 때로는 시행착오를 거치기도 하겠지요. 하지만 단언컨대, 그것은 시도해볼 만한 가치가 있는 일입니다."

주목받는 인생이 되기 위한 간단한 힌트

당신의 존재를 부각시키기 위해 어떠한 준비를 해두어야 할까?

- 당신이 어떤 일을 하는 데 들이는 시간과 당신이 그 일에 대해 생각하거나 이야기하는 데 투자하는 시간 사이에 균형을 유지하도록 하라.
- 당신이 잘하는 것은 무엇이고, 사람들로부터 어떤 찬사를 받아왔는지를 한 눈에 확인할 수 있도록 업적이나 성과를 꼼꼼하게 문서화해서 보관하라. 축하의 이메일이나 노고에 대한 감사 편지, 완벽한 업무 수행에 대한 평가서들도 모두 덧붙이는 것이 좋다.
- 당신의 재능과 당신이 일궈낸 성과들을 말로 명확하게 표현하는 연습을 하라. 믿을 만한 동료나 선배, 멘토 또는 코치에게 얘기하고 피드백을 받아보는 것도 좋다.
- 당신의 아이디어를 펼칠 수 있는 회의에 들어가서 의견을 이야기하는 것을 계속해서 시도하라.
- 회의가 끝나면 참석자들이 언급한 내용들은 물론, 당신의 주장과 공헌을 확실히 해두기 위한 회의록을 작성하여 이메일로 보내라.
- 일을 하면서 알게 된 동료, 상사, 고객들과 계속해서 연락을 취하라. 이직 등에 관한 당신의 근황을 계속해서 알려주라. 그들의 근황을 묻고 축하해주는 것도 잊지 말라.
- 조금 더 사교적인 면이 있는 사람이라면 용기를 내어 회의나 컨퍼런스, 사교모임 등을 주관해보라. 당신에 대한 신뢰나 주목도를 한층 높일 수 있을 것이다.

CHAPTER 2

내성적인 당신을
어떻게 노출시킬 것인가

이 장에서는 당신의 PR 목표를 설정하고, 당신의 성향은 물론 시간과 예산에 부합하는 게임 플랜을 작성할 것이다. 계획의 수립은 우리같이 내성적인 사람들에게는 매우 강력한 도구이다. 말하거나 행동하기 전에 무대 뒤에서 조용히 생각할 수 있는 기회를 주기 때문이다. 비록 당신이 타고난 계획 수립자가 아니더라도, 이제 곧 자기 PR을 당신의 방식으로 진전시키는 데 도움을 줄 활동과 아이디어들을 찾게 될 것이다. 특히 내성적인 당신에게 잘 맞는 PR 활동을 조합하고 마케팅 전략을 고안하는 것이 중요하다. 당신이 가장 좋아하는 활동을 선택하라.(적어도 가장 거부감이 덜한 것 말이다.) 그것이 바로 당신 스스로 주목도를 높이는 데 도움을 줄 것이다.

❋ 즐길 수 있는 게임으로 재구성하기

 당신이 저기 밖에 보이는 많은 사람들과 다르지 않다면, 당신의 존재를 부각시키는 방법에 있어서도 프리사이즈처럼 일반적으로 두루 적용되는 접근법을 추천했을 것이다. 그러나 당신은 독특하다. 그렇다면 당신의 성격과 취향에 가장 적합한 PR 방법을 찾아봐야 하지 않겠는가?

 한 외향적이고 사교적인 성격의 동료가 사람들이 많이 있는 자리에서 그다지 진심을 담지 않은 채 겉으로만 반갑게 인사를 한다고 해서, 당신도 그렇게 해야 하는 것은 아니다. 내성적인 당신은 마음도 없으면서 반가운 척 인사를 하는 행동은 바보 같다고 느낄 수도 있다. 대신 당신은 깊이 있고 지속적인 관계 형성, 꼼꼼한 연구/조사 활동, 말하기 전에 심사숙고하기, 전문성 확보 등의 영역에서 특유의 장점을 발휘하며 더 좋은 결과를 얻을 수 있다.

또한 이러한 활동들은 당신의 주목도를 높이는 데 도움이 될 뿐 아니라 관련된 사람들에게 이익이 되는 일이기도 하다. 하여 PR은—적어도 이 책에서 우리가 연습하고 있는 방식에 의하면—오로지 당신에 관한 것이어서는 안 된다. 다른 사람들이 가치 있다고 여기는 것들을 제공함으로써, 그들을 어떤 식으로 도울 수 있을지에 대한 내용이 포함되어야 한다. 그리고 그렇게 하기 위해 우선은 그들이 당신에 대해 알아야 한다는 사실을 명심해야 한다. 그게 바로 당신이 할 일이다.

내가 원하는 방식대로

자기 PR을 꼭 입에 쓴 약 먹듯이 할 필요는 없다. 당신이 즐길 수 있는 게임으로 재구성하라. 규칙이 유연하고, 쌍방이 모두 이길 수 있는 '윈윈 게임'으로 말이다. 사람들이 "No"라고 말할 때 밀어붙이거나 괜히 개인적으로 일을 떠맡아서 스스로를 지치게 할 필요가 없다. 다만 "Yes"라는 대답을 얻을 때까지 진실된 나의 모습을 계속해서 보여주면 된다. 그러기 위해서는 먼저 나 자신에게 "Yes"라고 말해야 한다.

나는 책을 써본 적이 없다. 그러나 어느 순간 나 자신에게 "Yes"라고 말함으로써 나는 이미 빈틈없이 꽉 차 있는 스케줄에 억지로 몇 시간을 더 쑤셔 넣어야 했다. 게다가 텅 비어 있는 페이지를 써내려가야 한다는 사실은 내게 거의 병적인 공포로 다가왔다. 나는 점점 "문장 하나도 제대로 엮어내지 못하다니 나는 정말 모자란 인간이야"라는 식의 부정적인 이야기들로 스스로를 고문하고 있었다. 그러다가 '누구에게서든 그런 험담을 듣는 걸 참지 못하는 내가 왜 이런 몹쓸 자기 비하는 참고 있는 거지?' 하는 생각이 들었다.

처음에는 마스터 플랜조차 그리지 못하던 나는 마침내 노련한 프로젝트 매니저이자 네트워커로서의 실력을 발휘하기 시작했다. 가장 어려운 부분부터 착수하는 것! 우선 자리에 앉아 쓰기 시작하는 일 말이다. 해야 할 일들을 쪼개서 작은 덩어리로 나누고, 그것들을 매일매일의 할 일로 할당하여 포함시켰다. 예기치 않은 사고에 대비하여서도 충분한 시간을 확보해두었다. 중간 중간에 생각할 시간도 필요할 것이고, 컴퓨터 파일을 날리거나, 인터뷰 테이프가 지워지거나, 전화를 기다리느라 흘러가는 시간이 발생할 수도 있을 테니까.

글쓰기란 혼자 생각하면서 최선을 다한다고 되는 일이 아니었다. 다른 사람들로부터 정보나 지원을 받지 않고서는 힘든 일이었다. HOD 컨설팅의 시미사니 누구구 회장은 이렇게 충고한다. "일하면서 많은 어려움에 직면하게 되는데, 그런 경우에는 사람들과 이야기를 나누면서 내가 생각한 아이디어를 논의해보는 것이 좋습니다. 제 경우에는 그에 대한 사람들의 의견을 듣고, 그것을 나중에 다시 다듬어서 논리적인 체계를 갖출 때 가장 좋은 결과를 낼 수 있더군요."

한 외향적인 성격의 작가는 글을 쓸 때 처음부터 끝까지 한 번에 쓰고는 절대 다시 들여다보지 않는다고 한다. 나의 경우는 다르다. 나는 한 문장 한 문장을 곱씹으면서 다시 다듬는다. 나는 그녀 같은 스타일로, 그녀는 나 같은 스타일로 글을 쓸 수 없을 것이다. 우리는 모두 이렇게 생각하고 행동하는 게 다르다. 따라서 일을 해내는 방식도 완전히 다르다.

나는 곧게 뻗은 순탄한 길을 걸어온 적이 거의 없다. 늘 멀리 돌아가야 하는 꼬불꼬불하고 험난한 길이었지만 기꺼이 받아들였다. 내가 목표를 지향하고 있긴 한 건가? 글쎄, 그런 것 같기도 하고 아닌 것 같기도 하다. 나는 조사에 몰두하고, 직관에 귀를 기울이고, 전문가의 조언을 구하기도 하지만 결국엔 내가 원하는 방식으로 일을 해왔다.

당신은 어떤가? 이제 당신의 길을 찾아볼 때다.

그냥 최선을 다하라?

특별히 지향하는 목표가 없을 수도 있다. 하루하루를 즐겁게, 때론 느슨하고 때론 빠르게 인생을 살아가는 것도 나쁘지 않다. 특별히 직관이 뛰어나고 발이 빠르다면, 혹은 운만 좋다면 아무 문제될 게 없다. 하지만 당신이 항상 적절한 때에 적절한 곳에서 일하고 있는 것은 아니다. 경력을 쌓기 위해 가고 싶은 다른 자리가 있다면, 이제 연습을 통해 행동 계획을 수립해볼 때다. 안 되면 머릿속으로라도 시운전을 해보자. 당신이 원하는 곳으로 기꺼이 안내해줄 것이다.

방랑하면서 즐기는 것은 멋진 일이다. 당신의 뇌가 휴식하고 다시 꿈을 꿀 수 있게 하니까. 그러나 원하는 목적지에 도달할 생각을 한다면 얘기는 달라진다. 작가이자 동기부여 전문가인 캐롤라인 아담스 밀러Caroline Adams Miller는 이에 대해 이렇게 말한다. "누구든지 목표를 달성하기 위해서는 목표 자체가 도전적이어야 하고, 구체적이어야 하고, 측정 가능해야 하고, 또 최종 기한이 정해져 있어야 합니다. 구체적인 목표가 없으면 앞서서 상황을 주도하지 못하고 수동적으로 반응하게 됩니다. 그렇게 해서는 변화와 발전을 꾀하기가 어렵지요."

계속해서 그는 "성장의 가장 건강한 유형은 마냥 편안함을 느끼는 영역에서 빠져나와 모험을 하고, 그에 대한 상당한 보상이 돌아오는 경험을 할 수 있도록 목표를 설정하는 것입니다. 안전하고 편안한 방식만으로는 그만한 보상을 받을 수가 없죠"라고 지적하기도 한다. 브리티시 콜럼비아 대학의 최근 연구 결과를 보면, "진짜 자부심은 자신이 편안하게 생각하는 영역에서 나와 달성하기 쉽지 않은 높은 목표를 설정하고 도전했을 때 생기는 것"이라 한다.

밀러는 또한 "목표를 설정하고 달성하는 것은 행복한 사람들의 특징입니다. 자신이 가치를 두고 있는 단기 혹은 장기의 목표를 추구하다 보면 타고난 자신의 모습까지 마침내 바꿀 수가 있습니다"라고 덧붙인다. "이렇게 하다 보면, 여러 가지 긍정적인 경험을 할 수 있습니다. 인간관계도 더 발전되고, 에너지도 새로 생겨나고, 생각도 낙관적으로 변하면서 건강도 더 좋아지는 것을 느끼게 되죠. 스트레스 또한 좀더 쉽게 날려버리는 힘을 얻게 될 것입니다."

목표에 대한 논의

당신이 가장 자랑스러워하는 성과는 무엇인가. 그것을 어떻게 성취했는지 생각해보라. 당신이 애초에 목표로 한 것이었는가, 우연한 결과였는가? 목표를 달성하기 위해 수년간 연구하고 조사한 것인가? 아니면 그저 운대가 잘 맞았을 뿐인가? 혹시 특별한 목표를 지나치게 강조하는 것이 오히려 일을 망치게 하는 것은 아닐까 걱정되는가? 목표 없이 그냥 최선을 다하기만 한다면 어떻게 될까? 〈아메리칸 사이콜로지스트American Psychologist〉에 발표된 기사에 따르면, "그냥 최선을 다하라고 말하면, 사람들은 절대 그렇게 하지 않는다"고 한다. 목표 설정에 대한 당신의 생각은 어떠한가?

언젠가 진행한 워크숍에서는 첫 번째 수업을 하기도 전에 재미있는 일이 벌어졌다. 나의 고객들은 나와 워크숍을 하기로 약속한 날이 되자, 예전과 다른 집중력을 발휘하여 자기 PR이라는 목표를 향해 이미 움직이기 시작한 것이다. 사실 누군가와 약속한 기한 없이 목표를 향해 나아가는 것은 쉬운 일이 아니다. 나만 해도 그렇다. 언제나 '책을 써야지', 하지만 정작 계약서에 사인을 하고 나서야 일을 시작하게 된다.

중요한 것은 자신을 알고, 거기에 맞게 행동하는 것이다. 《비즈니스 챔피언이 되는 32가지 방법32 Ways to be a Champion in Business》을 쓴 농구의 전설 매직 존슨이 자신의 책에서 말한 것처럼 말이다. 무슨 일이든 최종 기한까지 마치려고 최선의 노력을 다한다면 그 때까지 완성할 수 있을 것이다. 일을 더 잘하기 위해서 누군가의 후원이나 지원이 필요하다면, 필요로 하는 것을 얻기 위해 지원을 받아낼 수도 있다. 너무나 의욕이 넘치는 다른 미켈란젤로들과 비교하느라 에너지를 낭비할 필요가 없다. 당신은 남들과 다르지 않은가.

거부감 없이 친근한 목표

목표에 대해서는 말들이 많다. 배우이자 오랫동안 뉴욕TV 앵커였던 브래드 홀브룩Brad Holbrook의 말을 들어보자. "목표를 어떻게 정해야 할지 중요한 목표를 세울 때마다 애를 먹이죠. 사람들은 당신의 목표에 대해서 끊임없이 질문할 것입니다. 특히 당신이 나이가 어리고 시작점에 있다면 말이죠. 나는 무슨 일이든지 주어지는 대로 최선을 다하는 것을 목표로 삼아 왔습니다. 그러다 보니 기회가 생겼고, 큰 기회는 작은 기회들로부터 나온다는 사실을 경험을 통해 알게 되었습니다."

그는 계속해서 이렇게 덧붙인다. "자신의 진로를 지나치게 많이 조작하려고 하면 위험할 수도 있습니다. 당신은 기대한 대로 일이 안 풀리면 필요 이상으로 실망하는 성향이 있지 않나요? 저는 '큰 목표'라고 하면 고등학교 때 야구선수로 뛰던 시절이 떠오릅니다. 스포츠 경기에서의 목표는 누구나 마찬가지일 것입니다. 승리하는 것이죠. 그렇게 순간순간마다 올바른 판단을 하려고 하고, 최선을 다해 경기에 임하는 것입니다. 일단은 그 경기에서 이기는 것, 그 시즌에서 우승을 하는 것만 생각합니다. 인정을 받는 것은 그 이후의 문제입니다. 나는 언제나 고등학교 시절 야구시합을 하던 마음가짐을 잊지 않으려고 합니다. 타자로서 열 번에 세 번만 성공하면, 명예의 전당으로 가는 것 아닙니까?"

지금부터는 목표를 설정하고 행동 계획을 세우기 위해 매우 다양한 방법들을 검토할 것이다. 되도록이면 거부감 없이 친근한 목표를 수립하는 데 초점을 맞추고, 당신의 목표에 부합하는 방향으로 실천할 수 있는 방안을 논의해나갈 것이다.

"우리가 소망하는 꿈과 목표의 주인은 다름 아닌 바로 우리 자신이라는 사실을 잊지 말아야 합니다." 목표 이미지 연구소의 마리아나 리드Marianna Lead 박사의 말이다. "목표에 구속당해서는 안 됩니다. 지난 워크숍 참가자들은 자신들이 목표를 변화시킬 힘을 가졌고, 그렇게 해도 괜찮다는 사실을 새삼 깨닫고 아주 놀랐습니다. 포기를 하는 것과 단지 방향을 바꾸는 것은 엄연히 차원이 다르죠."

❋ 목표를 수립하는 우리들의 방식

　어려움에 직면했을 때 현명하게 잘 대처해나갈 수 있도록 간단하고 재미있는 훈련을 실시해보자. 종이를 꺼내 당신이 어려웠던 순간을 성공적으로 극복해낸 경험에 대해 짧게 기술하라. 30% 비용 절감을 위해, 생산성 향상을 위해 어떤 계획을 세워 어떻게 실행에 옮겼는가? 당신의 문제해결 능력을 보여줄 수 있는 것이라면 꼭 자기 PR과 관련된 것이 아니라도 좋으니 무엇이든지 적어보자.

　당신이 쓴 내용을 꼼꼼히 살펴보라. 문제해결을 위해 사용한 당신의 장점은 무엇인가? 내성적인 성향의 것인가, 아니면 다른 것인가? 어려움에 대처하는 당신의 방식은 어떤가? 세심하게 구상하여 계획을 세우는 스타일인가? 직관에 의해 해결하는 스타일인가? 사람들과 같이 힘을 모으는 협력자 스타일인가? 아니면 결정적인 순간에 나타나 불을 끄는 소방관 스타일인가?

이제 좀더 어려운 과제가 남아 있다. 다음 페이지의 표에서는 자기 PR의 목표에 대해 여러 측면에서 생각해볼 기회를 제공할 것이다. 물론 자기 PR의 목표가 쉽게 떠오르지 않을 수도 있다. 아인슈타인처럼 세계적으로 유명한 사람이 되는 것이 목표일 수도 있지만, 보편적인 인생에서 자신이 원하는 것을 성취하는 정도가 현실적인 목표이리라.

예컨대 작가인 니콜 타이투스Nicole Titus는 〈포춘〉이 선정한 500대 기업에서 명예퇴직을 하고 지금은 문맹 퇴치를 위해 일하고 있다. 그녀의 모국인 아이티는 현재 문맹률이 50%에 달한다고 한다. "나는 가난한 아이티의 국민들이 100% 글을 읽을 수 있는 곳이 될 때까지 장려금을 지원하는 프로그램을 만들었습니다. 어린이들에게 먹을 음식을 공급하고, 매일 적게나마 장학금을 후원하는 것입니다."

그녀는 계속해서 이렇게 말했다. "이 프로그램에서 글을 아는 어린이들은 다른 어린이들을 가르칩니다. 기금을 마련하는 방법 중 하나는 내 작품을 경매에 부치는 것입니다. 나는 편안함을 느끼는 사적인 영역에서 빠져 나와 많은 대중 앞에서 이야기를 하기 시작했습니다. 내성적인 나로서는 쉽지 않은 일이었죠." 타이투스의 일생의 목표는 아이티에 만연해 있는 아동에 대한 노동착취와 문맹을 없애는 것이라 한다.

당신이 할 수 있는 범위 안의 일

이제 당신의 목표에 대해 이야기해보자. 다음 페이지의 표의 첫 번째 줄에는 특정 기간에 해당하는 자기 PR의 목표를 적어 넣어라. 그리고 그 아래 줄에는 장단기 자기 PR 목표를 달성하는 데 여러 가지 다른 측면들에 대한 생각을 써라. 어떤 점을 느낄 수 있는가?

실제로 어떤 이에게는 별것 아닌 자기 PR 목표가 다른 사람에게는 만만찮은 일이 될 수가 있다. 이번 주 당신의 목표가 옛 동료와의 관계를 유지하기 위해 이메일을 보내는 것이든 당신이 주도할 이벤트를 계획하는 것이든, 그 모든 것이 당신이 할 수 있는 범위 안의 일이어야 한다는 것을 명심하라.

다른 사람(특히 외향적인 누군가)에게는 엄청나게 쉬운 일이라 해도 당신의 경우는 다르다. 목표가 너무 크면 계획 자체에 압도당해 질려버리거나, 아예 실천할 엄두조차 내지 못할 위험이 있다. 움직이지 않는 것이 언제나 문제가 되는 것은 아니다. 때로는 가만히 앉아 있는 것이 한숨 돌릴 기회가 되기도 하니까. 아무것도 하지 않고 있는 시간들에 대해 안달복달하지 않고 스스로를 다스릴 수 있는 한은 말이다. 되풀이 말하지만, 내성적인 사람에게는 행동하기 전에 생각하는 것이 행동하기 위한 중요한 전조가 되기도 한다.

자기 PR 목표 설정

	이번 주	이번 달	올해
자기 PR 목표			
목표 달성의 난이도 (1=매우 쉬운, 2=쉬운, 3=할 수 있는, 4=어려운, 5=매우 어려운)			
목표 달성을 통해 희망하는 결과			
과정을 통해 얻을 수 있는 것			
결과를 통해 얻을 수 있는 것			
발생할 수 있는 장애물			
장애 방지 또는 관리 방법			
목표 달성을 위해 필요한 지원			
조언이나 도움을 받을 사람			
도움이 될 만한 자원			
기타 고려 사항			

내년	5년 후	10년 후	일생 동안

당신을 어떻게 노출시킬 것인가

장·단기 자기 PR 목표를 수립하였으니, 이제 이 목표를 달성하기 위한 활동으로 마케팅 전략을 수립할 차례다. 다음 표의 윗부분에 앞에서 설정했던 자기 PR 목표를 쓰고, 그 목표를 달성하기 위해 다가가야 할 목표 고객을 써라. 그런 다음 자기 PR 활동의 긴 목록을 지치지 말고 살펴보길 바란다.

마케팅 디렉터인 하이디 롬Heidi Rome은 "목록을 들여다보면 내성적인 당신으로서는 하고 싶은 것보다 하기 싫은 활동들이 더 많을 수도 있어요. 그렇지만 선택의 여지는 많습니다. 편안함을 느끼는 안락한 공간에만 머물러 있지 않고 항상 새롭게 고민하는 것은 좋은 태도입니다. 이전에는 생각지도 못했던 일을 시도해보려는 자기 자신을 발견할 때면 스스로 놀라고 대견할 것입니다."

다음 표에서는 개인적 취향과 과거의 경험을 바탕으로 각 PR 활동들을 평가하는 작업을 할 것이다. 세미나를 좋아하고, 전화 판매나 방문 판매를 싫어한다면 어떤 것이 당신의 마케팅 전략에 포함되어야 할지 분명해질 것이다.

모든 항목에 점수를 다 매겼다면, 그 중에서 당신이 가장 선호하고 당신의 장점을 효과적으로 발휘할 수 있는 다섯 가지 활동(에너지가 넘친다면 그 이상도 가능하다)을 선택하라. 이것이 당신의 마케팅 전략이다. 성공한 광고 캠페인과 마찬가지로, 자기 PR 활동도 목표 고객의 관심을 끌어 그들이 마침내 구매하도록 만들기까지는 수없이 반복하고 또 반복해야 한다는 사실을 명심하라. 그들에게 선택받으려면 얼마나 많이 당신을 노출시켜야 할까?

마케팅 전략 수립
- **당신의 PR 목표:**
- **목표 고객:**
  아래 PR활동에 대하여 선호도에 따라 각 항목을 1에서 5점까지 평가하라.
  (1=매우 좋아함, 2=좋아함, 3=보통, 4=싫어함, 5=매우 싫어함)

자기 PR 활동	1	2	3	4	5
웹 사이트 운영					
다른 웹 사이트에 광고 혹은 글 올리기					
블로그 또는 트위터 활동					
팟캐스트 또는 비디오캐스트					
온라인 카페 활동					
구직 정보 올리고 구인 광고 조사하기					
전통적인 매체 광고(인쇄광고, 온라인광고)					
전단지					
브로슈어					

자기 PR 활동	1	2	3	4	5
엽서					
쿠폰 또는 선물 증정권					
전화번호부 광고					
전문지/동창회지 및 주소록					
무료 또는 저가의 샘플광고					
직접 목표 고객에게 광고인쇄물 우송 (좋아하는 캐릭터로 우편엽서를 만들어 사용하는 것도 고려)					
개인적인 편지 또는 이메일					
홍보활동(보도자료 발표)					
무료 전화상담					
쪽지 보내기					
디아이와이(DIY) 안내서					
이메일 뉴스 또는 책자					
비영리이사회에 가입하기					
특별한 광고 아이템 (예를 들면, 프린트된 펜 같은 것)					
조사 또는 설문					
벼룩신문 같은 데 글쓰기					
리뷰 의견 보내기 또는 편집자에게 편지 쓰기					
반상회 등 지역 모임					
네트워킹 이벤트(전문가집단, 상공회의소)					
동료, 예상 고객, 임직원 등과의 목적이 있는 만남					
라디오 방송의 토크쇼 출연					
평생교육원 강의					
화상회의, 세미나, 웹 세미나 개최					
전시회에 홍보 부스 설치					
교육 정보 제공을 위한 음성녹음					
전화 판매 권유					
자선행사에서 봉사하기					
기타					

이들 각각의 PR 활동을 평가했다면, 그 중 당신의 마케팅 전략에 포함시킬 만한 다섯 가지(또는 그 이상의) 항목에 동그라미를 하라. 잠깐 이 목록을 쭉 훑어보고, 이 연습을 통해 알게 된 내용을 적어보자.

선택한 내용을 살펴보니 어떤가. 익숙한 활동들인가? 아니면 전혀 새로운 활동들인가? 쓰기나 조사와 같이 당신의 내성적인 성향과 관련된 활동들인가? 아니면 대통령 취임식에 초대받지도 않았는데 불쑥 나타나는 것처럼 전혀 생각지도 못했던 활동들도 포함되었는가?

자기 PR을 할 때 알아두어야 할 것

- 말이든 글이든, 시작을 하기 전에 목표 고객의 입장에서 대답을 생각해보라. "그래서 나한테 돌아오는 게 뭐죠?"
- 메시지는 쉽고, 분명하고, 간결해야 한다. 사람들이 집중할 수 있는 시간에 대해서는 여러 가지 이론이 많지만, 일단 당신의 경우를 생각해보자. 다른 사람들이 자기 PR을 할 경우, 당신은 얼만큼이나 주의를 기울일 수 있는가? 나는 채 1분이 안 되던데.
- 목표 고객과 비슷한 테스트 그룹에게 당신의 PR 메시지를 전달하고, 피드백을 받아보라. 엘리베이터를 타는 시간 동안 나를 각인시키는 '엘리베이터 스피치'나, PR 메시지를 담은 이메일 같은 것을 시도해보자.
- 누군가 도움을 준다면 상대방이 이끄는 대로 끝까지 따르라. 그리고 당신을 소개해준 사람들에게 감사 인사를 전하라. 특히 긍정적인 결과는 알려주는 것이 좋다.
- 글 쓰는 재주가 없는가. 적극적으로 글쓰기 과정을 수강하거나 PR 원고를 작성해줄 사람을 고용하라.
- 사람들 앞에서 말하는 능력을 더 키워야 한다면 이에 대한 수업을 듣거나 관련 모임에 가입함으로써 도움을 받을 수 있다.
- 적절하게 잘라서 말하는 연습을 하라. 그리고 내성적인 당신의 장점을 발휘하여 상대방이 이야기하는 것을 주의 깊게 들어라.

❋ 시간, 돈, 에너지를 다스리는 법

최소한의 노력으로 최대의 효과를 거두려면 당신이 가장 잘 할 수 있는 일에 초점을 맞추어야 한다. 앞의 마케팅 전략 수립 표에서 당신이 선택한 각각의 자기 PR 활동을 행동에 옮기려면 세밀한 계획이 필요하다. 당신의 목표를 향해 한 걸음씩 나아가기 위해 내성적인 사람 특유의 장점인 깊이 생각하는 능력을 발휘하여 구체적인 계획을 세워보자. 각 단계에 알맞은 세부 항목을 탄력적으로 운영할 수 있도록 게임 플랜을 설계해보라. 복잡한 표로 만들든, 냅킨 위에다 쓰든, 머릿속에서 그려보든 상관없다.

자기 PR 활동을 할 때 관리해야 할 가장 중요한 세 가지는 시간, 에너지, 그리고 돈이다. 내가 뉴욕에 살고 있기 때문에 더 그렇기도 하겠지만, 시간이나 돈이 충분하다고 말하는 사람은 여태까지 본 적이 없다. 안타깝지만 지금 당신 명의의 개인 섬에서 유유자적하며 이 책을 읽는 것이 아니라면, 우주 어디에선가 휴가를 즐기고 있는 것이 아니라면, 최대한 신중하게 돈을 사용할 수 있는 아이디어를 모아야 한다.

앞서 최소한의 노력으로 최대의 효과를 볼 수 있는 마케팅 전략을 수립하자고 제안하기는 했지만, 그렇다고 아예 노력을 하지 않아도 된다는 뜻은 당연히 아니다. "커리어를 쌓아가는 것은 삶을 만들어가는 것입니다. 일과 삶은 따로 떨어져 있는 것이 아니기 때문이지요. 열심히 하십시오. 쉬운 일은 없습니다. 어떤 것도 쉽게 이루어지지는 않습니다." 브로드웨이의 전설 치타 리베라의 말이다.

특히 자신의 존재를 부각시키는 것은 사회생활에서 중요한 부분이므로, 이에 대해서는 별도로 각고의 노력을 기울여야 한다. 물론 이 책을 통해 당신이 제공할 수 있는 것은 무엇인지, 목표로 하는 사람들은 누구인지, 당신이 목표 고객을 위해 할 수 있는 일은 무엇인지를 명확히 함으로써 한정된 에너지를 절약할 수는 있다. 또한 외향적인 사람들에게나 적합하여 오히려 역효과를 가져올 수 있는 영양가 없는 활동들은 피할 수도 있을 것이다.

배우이자 작가인 로리 그라프Laurie Graff는 "결국 스스로에 대한 동기 부여와 관련된 문제입니다. 팀의 주장은 당신입니다. 당신의 마음을 들여다보고, 당신이 정말로 원하는 것이 무엇인지를 분명히 하세요." 그러한 명확함이 당신의 길을 밝혀줄 것이고, 길을 가다 혹시 만날지 모르는 장애물에 대비하게 해줄 것이다.

차별화하고 싶다면

당신과 다른 이들의 삶을 차별화시키기 위해서는 무엇이 필요한가? 어떤 부분에 열정을 가지고 있든, 그것은 당신에게서 비롯된다. 《고마운 원숭이: 우리가 동물을 다루는 방식에 대한 다른 생각Thanking the Monkey: Rethinking the Way We Treat Animals》의 저자 카렌 던Karen Dawn의 경우를 보자. 이 책을 통해 그녀는 언론과 많은 인터뷰를 하게 되었다. 그리고 동물 애호가들에게 그들의 메시지를 효과적으로 언론에 전달하는 방법을 가르치면서, 카렌 던이라는 이름은 그녀의 메시지와 따로 떼어낼 수 없는 부분이 되었다.

그녀는 지구와 지구의 동물들을 돌보는 것이 우리 자신과 서로를 돌보는 일이라고 믿었다. "나는 열정을 갖고 이 일을 하고 있습니다. 당신이 나서려고 하지 않는다면, 당신이 원하는 메시지도 전달할 수 없는 법입니다. 차별화하고 싶다면 당신의 에너지를 쏟으십시오. 당신이 전하고자 하는 메시지를 당신의 불편함보다 우선시해야 합니다. 관심 분야의 일을 한다면, 좀더 수월하게 해낼 수 있을 것입니다."

당신은 어떤지 모르겠지만, 나는 내가 하고 싶지 않은 일이나 나의 장점을 발휘할 수 없는 일(예를 들면 상품 판매를 위한 전화 권유 같은)을 해야 하는 상황이 닥치면, 어찌해야 할지 몰라 안절부절못한다. 일을 해야지 하고 자리에 앉긴 하지만, 이내 온갖 잡념만 떠오른다. 화분에 물을 줘야 하는데, 구두도 닦아야 하고……. 맞다, 마루에 왁스칠도 해야 하지? 그리곤 방을 빠져나와 차를 끓인다.

이렇게 많은 사람들은 하고 싶지 않은, 그러나 해야만 하는 그 두려운 일들을 피하기 위해 팔짱을 끼고 발을 동동 구르면서, 때로는 투덜투덜 불평을 늘어놓으며 딴짓을 한다. 바로 이런 이유 때문에 앞의 마케팅 전략 수립 표에 나와 있는 일들을 평가를 해보고, 당신이 가장 좋아하는 활동들을 선택하게끔 한 것이다.

내성적인 사람에게 시간과 에너지를 관리하는 것은 매우 중요한 일이다. 다시 한 번 말하지만, 프리사이즈 스타일의 접근은 통하지 않는다. 다음에 열거한 균형을 잃지 않기 위해 유념해야 할 기본적인 사항들을 점검해보라.

균형을 잃지 않으려면

➡ 해야 할 일
- 당신의 에너지를 염두에 두고 현실적인 시간 계획을 세워라. 지치지 않고 하려면 하루에 얼마나, 그리고 몇 가지 종류의 일을 해낼 수 있을지 생각해보라.
- 사람들과 만나는 사이사이에 쉴 수 있는 여유 시간을 가져라.
- 회의를 위해 준비하는 시간을 확보하라.
- 마케팅 전략에 내성적인 사람의 강점을 발휘할 수 있는 활동들을 포함시켜라.
- 실행력을 강화하기 위해 필요한 지원을 받아라.(예컨대 멘토, 코

치, 또는 전문가 집단으로부터) 한 가지 효과적인 접근법은 동호회에 가입하는 것이다. 동호회는 사람들이 모여 자원을 공유하고, 조언을 주고받고, 그리고 서로의 홍보 담당자가 되어 활동하는 모임으로 대체로 승진 같은 분명한 목표를 향하고 있다.

➡ **하지 말아야 할 일**
- 사람들과 만나는 활동이나 모임을 너무 연달아 갖지 마라.
- 시간이나 활동 범위가 다른 외향적인 사람들과 자신을 비교하지 마라.
- 남들처럼 사람들과 만나 스스럼없이 어울리는 에너지를 갖고 있지 않다고 해서 너무 우울해 하지 마라.
- 한숨 돌리고 준비할 시간도 없이 즉석에서 바로 이야기해야 하는 상황을 되도록 만들지 마라.
- 자신을 신뢰하라. 마침내 나에게 맞는 길을 찾으리라는 믿음을 포기하지 마라.

돈에 대한 생각

돈을 들이지 않고 할 수 있는 PR 활동도 많지만, 어떤 활동은 비용이 들기도 하고, 또 어떤 경우엔 반대로 돈을 벌기도 한다. 무료로 할 수 있는 활동으로는 블로그 운영, 팟캐스트podcast, 홍보자료 만들기 등이 있다. 이에 비해 비용이 드는 활동으로는 광고 게재, 메일리스트 구입 같은 것이 있다. 한편 강연을 하거나, 내가 쓴 글을 팔면 돈을 벌 수도 있다. 비용이 드는 PR 활동에 어떤 것이 있고, 또 수익은 얼마나 낼 수 있을지를 기록하는 정산표를 따로 만드는 것도 좋은 방법이다.

돈에 대해서 좀더 이야기하자면 이렇다. 당신의 마케팅 전략 가운데 어떤 형태든 광고를 선택했다면, 효과를 기대하기 위해 목표로 하는 고객에게 어느 정도까지는 반복적으로 노출해야 한다는 것이다. 물론 효과는 있겠지만, 상당한 비용이 들어간다. 당장 감당할 능력이 안 되거나 당신에게 맞지 않는다고 생각되면 당신의 이름을 알릴 수 있는 다른 방도를 찾아야 한다.

또한 광고를 하기로 했다 하더라도, 신중하게 돈을 투자해야 한다. 인터넷 광고에서부터 전통적인 매체 광고까지 다양한 광고방식을 평가하고 비교해보라. 다시 말하지만 당신의 예산에 맞는 계획을 수립하는 것이 중요하다.

내가 예산이라고 했는가? 만약 당신이 비용이 드는 활동들을 선택했다면, PR 활동에 맞는 예산을 수립해야 한다. 예산이란 말에 풀이 죽었다면, 당신만 그런 게 아니니 걱정하지 마라. 돈에 대해서 이야기할 때 긴장하지 않는 사람이 누가 있을까?

❋ 내성적인 사람에게 잘 맞는 PR 방법

이제 내성적인 사람들에게 잘 맞는 몇 가지 활동들에 대해 좀더 면밀히 살펴보자. 읽어본 후 어떤 부분에 좀더 마음이 끌리는지 가늠해보라. 당신의 장점을 발휘하여 목표 고객에게 도달하는 적합한 조합을 발견할 때까지 당신을 PR하고 마케팅하기 위한 전략은 얼마든지 수정될 수 있다. 그러기 위해 얼마간은 시행착오를 거쳐야 할 것이다.

네트워킹

나는 네트워킹의 힘을 믿는다. 네트워킹이란 상호 이익을 위해 시간을 두고 쌓아가는 인간관계라고 할 수 있다. 《미국 기업으로부터의 탈출Escape from Corporate America》의 저자 파멜라 스킬링Pamela Skillings

은 이에 대해 이렇게 증언한 바 있다. "내 생애 최고의 경력을 만들 수 있는 기회를 가져다준 건 나의 네트워크였습니다. 열심히 일하는 것과 재능은 모두 중요합니다. 하지만 당신이 강력한 네트워크를 가지고 있다면, 그것은 당신에게 그 이상을 가져다줄 것입니다. 네트워킹이야말로 최고의 기회나 일자리를 소개 받거나 추천을 받고, 조언이나 지원 등을 얻을 수 있는 보고寶庫 중의 보고입니다."

이러한 관계들을 다듬어나가는 데 시간은 걸리지만, 많은 돈이 드는 것은 아니다. 물론 네트워크 안의 사람들과 만나 커피를 마시거나 점심을 먹느라, 또는 어떤 이벤트를 함께 하느라 가끔씩 당신이 계산을 할 때도 있긴 할 것이다. 하지만 대부분의 네트워킹은 전화나 인터넷상으로 연락을 하고, 관심을 표하고, 사람들을 소개하고, 문제를 해결하는 데 치중하는 편이다.

언론

내가 비즈니스를 하면서 언론의 호의적인 관심을 받은 것은 행운이었다. 내가 한 일은 단지 기삿거리가 되는 범위 내에서 내가 무엇을 하고 있는지에 대해 기자들에게 알려준 것뿐이었다. 물론 유용한 뉴스거리를 제공하고 또 그들을 다른 정보원에 연결해주기도 하면서 그들의 요구에 즉각적으로, 그리고 철저하게 대답했다. 추가적인 인터뷰를 하려고 다시 오는 기자들도 많았다. 그들은 내가 그들이 유용하게 사용할 만한 정보를 즉각적으로 제공한다는 사실을 알고 있었기 때문이다.

TV 프로듀서이자 스포츠캐스트 스타 트레이닝Sportscast Stars Training 의 공동 창업자인 애니 호프만Annie Hoffman은 신문이나 지역 TV, 그리고 라디오 방송국과의 관계를 우호적으로 구축해나갈 것을 권유한다. "그들에게 아이디어를 제공하는 것입니다. 행사에 초대해서 같이 점심을 먹고, 컨퍼런스도 개최해보고요. 보도자료를 준비하는 것은 생각처럼 어려운 일이 아닙니다. 그리 많은 비용을 들이지 않고 할 수 있는 일이죠. 글 쓰는 일에 자신이 없다면 친구나 커뮤니케이션을 전공한 사람을 찾아 도움을 받으면 어떨까요? 중요한 건 용기를 내 시도하는 것이지요."

호프만은 좋은 결과를 얻으려면 가능한 한 언론이 쉽게 일할 수 있도록 해줘야 한다고 덧붙였다. "세밀한 준비가 필요해요. 사진도 첨부하고 다른 사람과의 인터뷰 내용도 함께 포함시키는 것입니다. 일전에 떠오르는 신예 카레이서들을 대상으로 미디어 교육을 시킨 적이 있어요. 그들은 PR 담당자가 없다고 안타까워했죠. 저는 PR 담당자를 뽑을 수 있을 때까지 기본적인 사항들만 배우면 그들 스스로가 홍보 활동을 할 수 있다는 조언을 해주었습니다. 결국 그 카레이서들은 PR 담당자가 해야 하는 일들에 대해 잘 이해하게 되었고, 성공적인 마케팅을 위한 그들의 노고에 더 고마운 마음을 갖게 되었죠."

그런데 전화를 해도 언론에서 반응이 없다면 어떻게 할 것인가? 호프만은 이렇게 조언한다. "실망하지 말고 계속 시도해보세요. 그들은 주로 세 사람 이하의 인원이 일하는 경우가 많습니다. 가능한 한 메시지를 명확하게 하는 것이 그들을 돕는 길이죠. 그렇게 할수록 당신의 스토리가 인용될 가능성은 높아집니다. 만약 언론에서 관심을 보이지 않으면, 내용을 조금 더 다듬으세요. 그리고 몇 달간 숨을 고른 뒤에 다시 문을 두드리는 것이죠."

Note : 언론을 최대한 활용하는 방법

마켓워치 라디오 네트워크의 앵커인 스티브 오어는 20년이 넘는 방송 기간 동안 CEO, 정치인, 작가, 애널리스트, 운동선수, 연예인 등을 포함하여 수많은 사람들을 인터뷰했다. 그는 언론을 최대한 활용하는 법(반가운 것은 그 중 많은 부분이 내성적인 사람의 장점에 대한 기술이라는 사실)에 대해 다음과 같이 조언을 하였다.

- **미리 준비하라.**
  기자마다 다른 관점에서 취재를 할 것이다. CEO로서 당신의 일과 삶에 대한 책을 막 출판하였다고 하자. 비즈니스 부문의 기자라면 우편실에서 봉투를 분류하는 일에서 시작하여 최고경영자에 오르기까지 어떻게 성공가도를 달려왔는지에 대해 관심이 있을 것이다. 반면 스타일 부문의 기자라면 육군 대위의 아들로 성장하면서 어떻게 가치관을 형성하게 되었는지에 대해 좀더 관심을 보일 것이다.
  아마도 내성적인 당신은 예상 질문을 미리 짚어보고 그에 대한 대답을 연습해봐야 안심이 될 것이다. '언제, 어디서, 누가, 무엇을, 어떻게, 왜'에 대한 질문에 항상 대비하라. 또 "회의할 때 왜 물방울 무늬 셔츠에다 흰색 헬멧을 썼죠?"와 같이 생각지도 못한 질문에 대한 대책도 마련해놓아야 한다. 미리 연습한 답변이 아니라 예상치 못한 질문이 나왔을 때는 최대한 융통성을 발휘하여 유연하게 대처하자.

- **간결하게 말하라.**
  "오늘 아침에 뭐했니?"라고 친구가 물어봤다고 하자. 당신은 아마 이렇게 대답할지도 모르겠다. "7시에 일어나서 눈 비비고 천천히 침대에서 나와서 욕실로 갔어. 얼굴에 물 좀 끼얹고 나서 보니 우리 집 잔디밭에서 분홍색 코끼리가 일광욕을 하고 있지 뭐야." 그것이 만약 언론 인터뷰라면 당신이 해야 할 말은, "우리 집 잔디밭에서 분홍색 코끼리가 일광욕을 하고 있어요"가 전부다.

기자들은 대부분 빡빡한 마감 일정에 쫓기는 경우가 많다. 그러므로 답변 시간은 30초 이내로 하는 것이 좋다. 그래야 활용 가능성도 높고, 나중에라도 당신을 다시 찾게 된다. 연습은 필수다. 스톱워치를 가지고 짤막한 대답이 나오도록 연습해보라.

● 시청자(또는 구독자)층을 파악하라.

기자에게 그 방송을 보는 대상이 누구인지 물어보고 거기에 맞추어 이야기하라. 로켓 과학자들에게 이야기하는 것과 5학년 초등학생한테 이야기하는 언어는 달라야 하지 않겠는가. 기자가 무슨 뜻인지 몰라 다시 질문하는 일이 없도록 업계 전문 용어는 되도록 삼가하라. 기자에게 왜 이것이 중요한지, 왜 독자들이 관심을 가져야 하는지에 대해 간단하고 직접적으로 이야기하라.

● 물어본 질문에 대해 답변하라.

사람들은(특히 정치인들) 실제로 물어본 질문에 답하는 것이 아니라, 물어봐주길 바라는 질문에 대해서 대답하는 경우가 많다. 내성적인 당신의 성향을 총동원해서 주의 깊게 들어라. 누군가는 기자가 원하는 것이 무엇이든 상관없이 당신의 메시지를 듣게 만들라고 충고할지도 모르겠다. 그러나 그것은 기자의 시간을 낭비하는 일밖에 안 된다.

원하는 대답을 얻기 위해 같은 질문을 여러 번 다른 말로 물어보길 좋아하는 기자는 없다. 특히나 생방송 인터뷰인 경우에는 말할 것도 없다. 그 기자는 당신에게 절대 다시 연락하지 않을 것이다. 질문을 제대로 들어야 당신이 준비한 이야기의 핵심도 전달할 수 있다. 아마도 인터뷰 말미에 대부분의 기자들은 추가로 더 이야기하고 싶은 것이 있냐고 물어볼 것이다. 그때 당신이 아직 못다한 말들을 풀어놓으면 된다.

● 긴장을 풀어라.

내성적인 사람들은 준비 없이 즉석에서 이야기하는 것을 좋아하지 않는다. 긴장하면 말하는 속도가 빨라지면서 정상적으로 호흡이 안 되고, 목소리가 부자연스러워지면서 목소리 톤이 지나치게 높아질 수 있다. 그렇다고 단조로운 목소리로 지루하게 말하지는 마라. 목소리가 자연스러울수록 방송(TV든 라디오든)을 탈 가능성이 높아지고, 당신에게 질문하고 있는 기자의 관심도 계속 머무르게 할 수 있다.

- 보도자료를 읽지 마라.
기자들이 원하는 것은 보도자료를 큰 소리로 읽어달라는 것이 아니다. 당신의 메시지를 대화하듯이 전달해야 한다. 말하는 모습을 비디오로 녹화하여 부자연스러운 부분을 조정하라.

- 집중하라.
인터뷰하는 동안 방해받지 않도록 사무실 문을 닫고 휴대전화 전원을 꺼놓는다. 직접 만나서 인터뷰하는 것이라면 기자의 눈을 보면서 이야기하라. 같은 일화를 열 번째 말하는 상황이라도 매번 매력적이고 열정적이어야 한다.

- 대립하지 말라.
인터뷰하는 사람을 불쾌하게 만들어서는 안 된다. 기억하고 싶지 않지만 나도 몇 년 전에 한 전설적인 재즈 가수를 인터뷰한 적이 있다. 전혀 문제가 될 것이 없는 질문이었지만 그녀는 뭔가 마음에 들지 않았던 모양이다. 그녀는 갑자기 톡 쏘듯이 내게 말을 했고, 분위기는 삽시간에 싸늘해졌다. 명심하라. 당신의 명성과 신뢰는 단 한 번의 실수로도 손상될 수 있다.

- 사실과 수치를 제공하라.
저널리스트들은 통계 수치를 좋아한다. 그러나 간단하고 이해하기 쉽게 만들어야 한다. 수치를 제공하면 사용될 가능성이 훨씬 높아진다.

- 바로 응답하라.
기자들은 대개 빠듯한 마감 일정에 쫓긴다. 언제나 최대한 빨리 전화 응답을 해야 한다. 몇 분 안에 대답을 듣지 못하면 그들은 또 다른 누군가를 찾을 것이다.

글쓰기

글쓰는 일이 결코 쉬운 일은 아니다. 하지만 말하기에 비해 어느 정도의 시간을 갖고 개인적으로 편집할 수 있다는 점은 커다란 장점이라 할 수 있다. 특히 내성적인 사람에게는 안전한 커뮤니케이션 방법이다. 회보든, 책이든, 블로그든 출판 행위는 당신의 존재를 부각시키면서 당신이 가진 전문적인 지식을 많은 사람들과 나눌 수 있는 매우 현명한 방법이다.

《우연히 만들어진 브랜드Accidental Branding》의 저자 데이비드 빈자무리David Vinjamuri는 이에 대해 이렇게 말한다. "글쓰기는 당신을 전문가의 위치에 자리하게 함으로써 당신의 브랜드 가치를 향상시켜줍니다. 말할 것도 없이 책을 쓰는 일은 내게 여러 가지 혜택을 가져다 주었죠. 우선 강연 스케줄이 많아지고, 미디어에도 더 자주 얼굴을 내밀게 되었습니다. 정기적으로 〈브랜드 위크〉에 기고도 하게 되었고, 자연히 새로운 고객들도 많이 생겨났지요."

바루치 대학의 총장인 캐더린 워드론 박사도 역시 마찬가지였다. "직장생활 초기에 나는 상사와 함께 무역잡지의 한 면을 채울 원고를 같이 썼습니다. 내가 거의 쓰고 상사가 조금 다듬는 식이었지만, 분명히 공동 저작이었죠. 그것은 내가 부담 없이 할 수 있는 일이었습니다. 물론 상사의 이름이 앞에, 내 이름은 뒤에 놓였지만, 그와 나는 성공의 기회를 함께한 것입니다. 나는 그를 돕고, 그는 나를 도우면서 20년이 지난 지금까지 돈독한 관계를 유지하고 있습니다."

❋ 소셜 미디어를 어떻게 활용할 것인가

요즘 각광받고 있는 소셜 미디어Social Media는 컴퓨터 앞에 앉아 당신의 영역을 넓힐 수 있는 기회를 제공한다. 블로그, 위키, 그리고 야후나 구글 같은 포털 사이트를 통해 글을 쓰고, 서로 아이디어를 공유할 수 있는 것이다. 또한 팟캐스트와 유튜브를 통해 수많은 잠재 고객에게 당신의 메시지를 방송할 수 있고, 페이스북, 트위터와 같은 소셜 네트워킹 사이트를 통해 정보를 공유하고 연락을 주고받을 수 있다.

우리들의 키보드

"블로그, 소셜 네트워크, 그리고 기타 사용자 제작 콘텐츠와 같은 소셜 미디어의 등장으로 내성적인 사람들이 상당한 영향력을 갖게 되었다는 이야기가 나오고 있다." 디지털 마케팅 에이전시인 크리티컬 매스Critical Mass의 이사 릭 라보이Rick Lavoie의 말이다.

내성적인 사람들은 사람을 직접 만나는 것보다는 키보드 앞에 앉아서 시간을 보내는 것을 더 좋아한다. 온라인에서의 활동은 생각을 정리하고 편집할 시간을 가진 다음 스스로 준비가 되었을 때 아이디어를 공유할 수 있는 장점이 있다. 뿐만 아니라 모임에서 분위기를 띄우거나, 발바닥이 닳도록 힘들게 일하거나, 판매를 권유하는 전화를 하느라 에너지를 소진하는 것보다 훨씬 더 많은 사람들에게 도달할 수 있다.

자신을 마케팅하기 위한 방법으로 직접 만나는 것과 온라인을 이용하는 것이 상호 배타적이진 않지만, 내성적인 사람들로서는 디지털 미디어에 의존하여 일을 해결하는 것이 한결 쉽다. 당신은 다양한 계층의 사람들과의 커뮤니케이션을 위해 어떤 디지털 미디어에 관심을 갖고 있는가? 당신이 목표로 하는 사람들은 또 어떠한가?

투자은행에 다니고 있는 나의 고객의 얘기를 들어보자. "사람들이 말이 없어졌어요. 매일 회사 변호사들이나 마케팅 담당 임원, 재무 담당 임원들과 마주치지만, 그들은 대부분 스마트폰을 들여다보느라 정신이 없죠. 비서들도 모두 스마트폰을 가지고 있어요. 아침마다 엘리베이터를 타면 누구 하나 얘기하고 있는 사람이 없답니다." 그리하여 세계는 지금, 사람들의 손가락만 불이 나게 움직이고 있다!

그렇다면 디지털 미디어를 활용해서 어떻게 메시지를 확산시키고 당신에 대한 주목도를 높일 수 있을까? "이제 더 이상 사람들을 회사의 홈페이지로 몰고 갈 필요가 없답니다. 블로그를 운영하거나, 유튜브와 같은 사이트에 콘텐츠를 올리거나, 링크드인LinkedIn같은 사이트를 통해 당신의 목표 고객과 대화를 나눌 수 있습니다. 그리하여 잠재고객들은 당신을 인식하게 될 뿐만 아니라 당신의 가치에 대해서도 알게 될 것입니다."

내성적인 사람들이여, 바야흐로 우리의 시대가 도래한 것이다!

누가 보는가

전통적인 네트워킹 영역에서 그렇듯이, 소셜 네트워킹의 영역에서도 당신이 얻고자 하는 이미지를 부각하는 것이 중요하다. 소셜 네트워킹 사이트에서 전문가로서 인식된다면 일자리를 구하고자 할 때 경쟁에서 훨씬 유리할 것이다. 미국의 취업사이트인 커리어빌더닷컴 CareerBuilder.com 조사에 의하면, 팀장을 고용할 때 후보자를 검색하기 위해 소셜 네트워킹 사이트를 이용하는 경우가 22%이고, 추가로 이용할 계획을 가지고 있는 경우가 9%라고 한다.

또한 이러한 사이트에서 후보자를 검색해본 사람들의 24%가 그 후보자를 고용할 것인지에 대한 결심을 굳히는 데 도움을 받았다고 했고, 34%는 그 후보자를 고려 대상에서 제외시키기로 결정하는 데 영향을 미쳤다고 했다. 고용주 입장에서 가장 우려하는 부분은 음주나 약물사용 여부(41%), 자극적이거나 부적절한 사진 또는 정보 게시

(40%), 커뮤니케이션 능력 부족(29%), 이전 회사 또는 동료들의 혹평(28%), 경력 사항에 대한 거짓말(27%), 인종이나 성별, 또는 종교와 관련된 차별적인 발언(22%) 등이다. 기타 내용으로는 프로답지 못한 대화명 사용, 범죄적 행위에 가담한 이력, 이전 회사로부터 기밀정보 빼돌리기 등이 있다. 소셜 네트워크의 위력은 이미 이 정도이다. 믿어지는가?

소셜 미디어 전략가이자 전도사인 하워드 그린슈타인Howard Greenstein은 당신의 주목도를 높이고 네트워크를 구축하기 위해 소셜 미디어를 어떻게 활용할 것인지에 대해 이렇게 설명하였다. "소셜 네트워킹 사이트를 통해 학창 시절 동창이나 이전 회사에서 같이 일했던 동료들과 다시 연결될 수 있습니다. 예전에 일했던 직장의 동료들이 당신에게 근황을 알릴 수도 있겠지요. 그들은 또한 당신이 어떤 일을 해왔고, 현재 일을 하고 있는지 여부도 알 수 있습니다."

그는 몇 가지 사례들을 덧붙였다. "만일 당신이 사원에서 부사장으로 승진했다면, 웹 사이트가 당신의 네트워크에 그 소식을 알릴 것이고, 사람들과 연락이 닿게 될 것입니다. 이것이 당신의 경력에 있어 또 하나의 빛나는 순간을 만들어줄 수도 있습니다. 또 하나 좋은 점은 네트워크가 커지면, 사람들에게 메시지를 보낼 수 있다는 것입니다. 네트워크에 있는 사람들이 질문을 올리면, 당신이 대답해줄 수도 있습니다. 당신의 대답이 가치를 인정받으면 그에 대한 좋은 평판도 따라오겠죠. 어떤 주제에 대해 올린 대답이 많은 사람들에게 높은 평가를 받을수록 당신이 전문가라는 작은 배지를 얻게 될 가능성은 높아질 것입니다."

그린슈타인은 이 외에도 더 많은 잠재적인 혜택이 있음을 지적한다. "소셜 네트워크에 참여함으로써 실제로 좋은 기회를 얻을 수 있습니다. 이러한 사이트에서 일자리를 찾게 되기도 하고, 생각지도 못한 행운을 만나게 되기도 합니다."

블로그와 팟캐스트 활용법

블로그가 생기면서 1인 기업가부터 뉴스 미디어, 주요 중견 기업에 이르기까지 모든 사람들이 얼마나 편하게 실시간으로 커뮤니케이션하게 되었는지, 그 변화된 광경을 지켜보면 놀라지 않을 수 없다. 블로그의 중요한 기능은 독자들이 대화 형태로 의견을 남길 수 있게 한 점이다. 그렇게 커뮤니케이션을 주고받으면서 블로그 커뮤니티가 만들어지는 것이다.

그린슈타인은 이에 대해 이렇게 설명하기도 한다. "블로그는 또한 다른 웹 사이트(특히 검색 엔진)에게 새로운 콘텐츠가 올라왔음을 알려줍니다. 당신이 새로운 블로그를 개설하면 블로그의 소프트웨어가 구글이나 야후, 기타 큰 검색 엔진에게 작은 탁구공을 날립니다. '여기요, 새로운 콘텐츠가 나왔어요' 하고. 보통 10분이나 15분 정도면 당신의 새로운 콘텐츠는 색인에 들어가 사람들이 찾아볼 수 있게 될 것입니다. 특히 이는 중소기업을 운영하는 사람들에게 의견을 공유하고, 인간관계를 쌓아가는 좋은 수단으로 활용될 수 있을 것입니다."

심리학 관련 잡지를 발행하는 세니아 메이민Senia Maymin은 "우리의 경우를 보면 30여 명의 저자들 중에서 적어도 4분의 1은 블로그나 뉴스레터를 운영하고 있습니다. 블로그의 가장 좋은 점은 독자들의 압력을 받지 않고 내 상황에 맞게 운영할 수 있다는 것입니다. 자기 스스로 안건을 정하고, 하루 중 언제 의견을 주고받을지도 결정할 수 있습니다."

그린슈타인은 블로그를 개설함으로써 받을 수 있는 혜택에 대해 이렇게 지적하기도 했다. "블로그를 통해 당신의 관심 분야는 무엇이고 어떻게 사업을 운영하고 있는지 보여주고, 고객에 대한 서비스 철학, 고객 응대와 관련된 일화, 추천 상품 등을 전달할 수 있습니다. 비즈니스를 전개해나가는 데 도움이 되겠죠. 사업을 하는 사람들은 대부분 브로슈어처럼 정적인 웹 사이트를 가지고 있는데 내용이 자주 바뀌지 않기 때문에 사람들이 한 번 왔다 가면 다시 방문할 이유가 없어요. 반면에 블로그의 콘텐츠는 계속해서 업데이트 되는 장점이 있습니다."

쓰는 것보다 말하는 것을 선호한다면, 팟 캐스트를 이용해 간단하게 메시지를 전달할 수 있다. 팟 캐스트에 대해 들어는 봤지만, 그게 뭔지 아직 확실히 잘 모르겠다고?

다시 그린슈타인의 설명을 들어보자. "팟 캐스트는 인터넷을 통해 유포된 디지털 미디어 파일로 휴대용 미디어 플레이어나 PC에서 재생됩니다. 프로 또는 아마추어에 의해 만들어져 인터넷 상에서 운영되는 사실상의 라디오 프로그램이죠. 팟 캐스트에 가입하고 신청을 하면 계속해서 업데이트된 내용을 당신의 컴퓨터나 미디어 플레이어에서 받아볼 수 있습니다. 잡지처럼 '구독 subscription'이라는 말을 사용하지만, 대체로 팟 캐스트를 받아보는 데는 비용이 들지 않습니다."

　행동을 하기 전에 내면으로 파고들어가 집중하고 주의를 기울이는 능력은 내성적인 우리로서는 당연하게 여기는 재능 중의 하나이다. 이 장에서는 자기 PR의 목표를 설정하고, 그 목표를 달성하기 위한 마케팅 전략을 수립하고, 당신의 시간과 돈을 고려한 최적의 게임 플랜을 만들어보았다.(그 정도는 아니더라도 적어도 고려는 해보았다.) 그리하여 이제는 당신을 불가능의 세계로 내몰지 않고도, 당신의 제국을 설립하기 위한 도구들을 잘 갖추게 된 것이다.

CHAPTER 3

당신을 선택한 사람,
당신에게 관심을 보일 사람

누군가 당신에게 이 세상 최고의 갈비를 팔려고 한다고 하자. 그런데 당신은 채식주의자라면? 또는 누군가 학부모-교사 지역연합회에 가입하라고 끊임없이 조르는데 당신에겐 아이가 없다면?

자기 PR이나 판매는 언제나 적어도 두 사람은 관련이 된다. 당신의 목표 고객이나 당신의 제품에 관심을 보일 사람들을 안다면 비생산적인 추측과 시행착오를 줄일 수 있다.

❊ 목표 고객의 머릿속 탐험하기

당신이 타깃으로 하는 사람들은 원하는 바가 있고, 당신은 그 필요와 요구에 대해 충분히 제공할 거리를 가지고 있다. 그렇다면 목표 고객이 원하는 부분과 당신이 가지고 있는 것 사이에 겹치는 부분은 무엇인가. 당신의 타깃은 상사, 동료, 고객이나 잠재 고객, 멘토, 좋은 기회에 당신을 추천하거나 연결시켜줄 만한 사람, 당신의 블로그를 읽는 사람 등 당신이 도달하고자 하는 누구라도 될 수가 있다.

이들 이해 관계자 모두의 마음에 들어야 한다고 생각하니 자신이 없고 엄두가 나질 않는가? 다시 한 번 당신의 내향적인 성향을 발휘해보자. 이를테면 자료를 조사하고, 그들에게 도달할 방법을 조용히 분석하고, 상대방이 가치 있게 여기는 부분에 대해 전문적 지식을 제공하고, 관심 분야의 정보를 올리고, 깊이 있고 오랫동안 지속되는 인간관계를 구축해나가는 것이다. 그러다 보면 어느새 제대로 된 길을 가고 있을 것이다.

당신은 이미 생명보험에서 자동차에 이르기까지 광범위한 분야에 걸쳐 목표 고객의 입장이 되어본 경험이 있다. 사람들은 매일 당신에게 무엇인가를 팔려고 하지만, 당신 입장에서는 그 모든 것을 다 사줄 수는 없다. 그 중에 당신이 구매한 것들을 생각해보라.

왜 그것을 구입했는가? 그것은 라디오 방송에서 나오는 어느 광고 문구처럼 '그래서 나한테 돌아오는 게 뭔데?'라는 질문에 답을 주는 것들이 아니었는가? 물론 이것은 새로운 개념이 아니다. 가장 기본적인 것이지만, 그래서 간과하기 쉬운 부분이기도 하다. 앞으로 잊을 만하면 한 번씩 상기시켜줄 것이다.

목표 고객의 머릿속을 탐험하기 전에 누군가가 당신에게 자신을 홍보하거나 무엇인가를 팔려고 할 때, 당신의 머릿속에는 어떤 생각이 드는지부터 살펴볼 필요가 있다. 당신의 목표 고객이 꼭 당신처럼 생각하는 것은 아니지만, 이렇게 해보는 것이 유용한 시작점이 될 수 있다. 또한 같은 맥락에서 왜 사람들이 당신을 고용하는지에 대한 통찰을 얻기 위해 당신이 채용된 과정에 대해서도 탐색할 것이다.

그리하여 결국엔 당신과 당신의 목표 고객 양자 모두에게 이로운 방향에서 당신을 PR하는 방식을 찾을 것이다. 굴욕감을 느끼거나 자신을 낮추는 일을 할 필요는 없으니 안심하라. 이 장에서는 특히 모든 자기 PR 활동 중에서도 성공을 위해 필수적인 과정인 목표 고객 정하기에 대해 집중적으로 다룰 것이다.

'You'라는 주문

자신을 PR할 때마다 떠올려야 할 주문이 있다면 첫째도, 둘째도, 셋째도 "YOU, YOU, YOU"이다. 상대방의 입장에서 모든 것을 상대와 연관시켜 이야기해야 한다. 확실히 내가 물건을 사는 입장일 때를 생각해보면, 판매자가 모든 것을 나와 연관시켜 나한테 돌아오는 것이 무엇인지를 제대로 건드려 주었을 때 공감을 할 수 있었다. 판매자의 입장일 때도 마찬가지이다. 나는 언제나 목표 고객에게 초점을 맞추라고 주문을 외운다. 그래서 궁극적으로 그들에게, 그들에게, 그들에게 도달할 수 있도록 말이다.

이러한 주문은 내가 사업을 하는 방식에 있어서도 아주 사소한 부분에까지 영향을 미친다. 예를 들어 이메일이나 전화통화를 할 때 항상 그들의 최근 소식을 묻거나, 그의(또는 그녀의) 승진을 축하하거나, 마지막으로 연락했던 때를 언급하는 것으로 이야기를 시작한다. 그런 다음 잠깐 동안 연락한 이유를 이야기한다. 반드시 상대방에 대한 관심을 먼저 표하고 난 후에 말이다. 우리같이 내성적인 사람들에게는 개방형 질문(주로 언제, 어디서, 누가, 무엇을, 어떻게, 왜로 시작하는)을 던지는 형태로 시작하는 것이 좋다. 상대방이 대답을 하는 동안 워밍업할 시간을 벌 수 있으니까.

❋ 진정한 PR의 고수가 되려면

나는 뭔가를 파는 데(나 자신을 포함해 무엇이든지) 소질이 없지만, 솔직히 고백하자면 다른 사람이 뭔가를 내게 팔려고 하는 시도도 별로 좋아하지 않았다. 그래서인지 팔거나 산다고 하면 가장 먼저 떠오르는 단어들이 '침해', '밀어붙이기', '진실을 지나치게 과장하기' 같은 것들이었다. 그런데 나만 이런 편견을 가지고 있었던 것은 아닌 모양이다.

글로벌 컨설팅 회사인 DDI Development Dimensions International에서 6개국(호주, 캐나다, 프랑스, 독일, 영국, 미국)의 기업 세일즈맨들을 대상으로 실시한 조사에 의하면, 조사 대상의 46%가 그들이 영업사원으로 불리는 것을 자랑스러워하지 않는다고 한다. 세일즈맨들은 보통 그들의 영업 과정을 '필요악'이라고 부른다. 세일즈맨들을 더 심하게 묘사하는 말로 "긁고 싶어도 의사가 긁지 못하게 하여 짜증이 나는 발진 같은", "거머리", "와서 사기 치고, 강탈하고, 사라지는 사람" 등의 표현이 있을 정도다.

이렇게 물건을 판매하는 일에 대해 주저하게 만드는 세일즈맨에 대한 심한 편견을 당신도 가지고 있는가? 그러나 세일즈맨은 진실성 없이 말만 번지르르한 사람이라거나, 상대방의 말에는 관심도 없이 거들먹거리면서 쓸모없는 제품을 떠안기는 사기꾼 정도로만 생각한다면, 어떻게 판매를 정당화할 수 있겠는가? 이는 당신 자신을 판매하는 것, 요컨대 'PR'에 있어서도 마찬가지가 아니겠는가?

상대의 입장에서 생각하는 것

나의 고객이며 국제적인 금융가이자 남미 경제 전문가인 마리아 말도 나도는 내성적인 사람들과 외향적인 사람들이 판매에 접근하는 방식이 서로 다르다고 지적한다. "두 가지 타입의 판매 방식이 있습니다. 하나는 시간이 흐르면서 깊은 인간관계를 구축해가는 은행원 타입으로, 주로 내성적인 사람들이 이러한 일대일 대응을 더 잘합니다. 다른 하나는 단발적인 제품 판매자 타입입니다. 예를 들어 은행원이 '이 고객님께 외환거래 서비스를 설명하고 판매해주시겠어요?'라고 부탁하면, 제품 판매자들은 어디선가 낙하산을 타고 나타나서 그들의 제품을 판매하고는 사라져버립니다. 그런 방식은 관계 구축이 되어 있지 않아도 가능하니 내성적인 사람들에게는 쉽지 않은 일들이죠."

말도나도는 계속해서 이렇게 말한다. "내성적인 성향이 강한 사람이라면 열정을 가지고 임할 때 판매가 더 쉬워집니다. 저는 언제나 제가 판매하는 제품에 믿음을 갖고, 고객과 거래하는 제품의 영향력에 대해 여러 방면에서 생각을 하려 합니다. 그들에게 어떤 도움을 줄 수 있는지를 구체화해서 확신을 갖도록 해주려고 하죠.

좋은 고객을 만나면, 그들은 당신에게 일거리를 제공할 뿐 아니라 더 많은 기회를 줄 것입니다. 그 분야에서 주목을 받게 될 수도 있습니다. 어떤 경우에는 거기서 그치지 않고 그 다음 단계까지 당신을 인도하기도 합니다. 성공은 또 다른 성공을 부르니까요."

효과적으로 목표 고객에게 접근하기 위해 무조건 주요 매체에 광고를 하는 식으로 거창하게 일을 벌여야 하는 것은 아니다. 때로는 작지만 기억에 남는 행동들이 제대로 효과를 발휘하는 경우가 있다.

누군가 당신에게 성공적으로 자신을 PR했던 기억을 떠올려보라. 핵심은 교묘한 말에 속아 넘어간 것이 아니라, 당신이 공감할 수 있었다는 데 있지 않았던가. 아마도 그는 당신의 문제를 해결해주고, 필요성을 설명하고, 지름길로 인도해주었을 것이다. 아니면 당신이 관심 있어 하는 어떤 것을 충족시켜 주었을지도 모른다. 당신의 말에 귀를 기울이고 해결책을 시각화할 수 있도록 도움을 주었을 수도 있다. 그가 뭔가를 팔고자 한다는 사실도 인식하지 못한 채 빨려 들어갔던 그 순간, 당신은 실제로 테이블의 같은 편에 앉아 있었을지도 모를 일이다.

예컨대 구글의 경우가 그렇다. 10여 년 전에, 웹 사이트는 화려한

배너 광고로 넘쳐났었다. 그러나 웹 광고가 그렇게 효과적이진 않았기 때문에 그들 중 다수가 파산했다. 그때 구글이 혜성처럼 나타나서 최고의 검색 기능을 제공했다.

 그것은 간단하지만 기가 막힌 아이디어에서 비롯된 것이었다. 무엇인가 검색을 할 때는 그것과 관련된 아이템 구입에도 분명히 관심이 있을 것이라는 생각이었다. 구글은 플래시가 없는 간단한 텍스트 광고를 판매했고, 바로 수익을 내기 시작했다. 구글은 목표 고객의 입장이 되어 검색하는 사람들이 원하는 바로 그것을 제공한 것이다. 그것으로 게임은 끝났다!

동물적 감각이 말해주는 것

당신의 목표 고객 또는 당신이 제공할 것들을 원하거나 필요로 하는 사람들이 있다. 그런데 그들이 세상 전체가 아니라 아주 작은 은점 하나 정도라고 생각하면 조금은 안심이 되지 않는가. 그 은점 안에 누가 있고, 그들이 관심 있어 하는 부분은 무엇이고, 그 가운데 어떤 것을 당신이 제공할 수 있는지 명확히 하면 되는 것이다.

이렇게 함으로써 모든 사람의 마음에 들기 위한 에너지(내성적인 당신에겐 정말이지 귀중한 자원이다)의 낭비를 줄이고, 노력을 한 곳에 집중할 수 있다. 요컨대 전체를 위한 분위기 메이커가 아니라 특정한 사람들의 해결사가 되도록 비전을 그려보면 되는 것이다.

목표 고객에 대해 좀더 생각해보기 위해 한 가지 과제를 수행해보자. 당신이 목표로 하는 사람, 그룹, 조직들을 다음 표에 쓰면 된다. 지금 당장 필요한 모든 정보를 가지고 있지 않을 수도 있다. 하지만

목표 고객에게 당신이 제공할 수 있는 것

목표 고객 (개인별, 그룹별, 조직별 이름 적기)					
당신이 도와줄 수 있는 문제					
왜 당신이 해야 하는가?					
가장 적정한 시기					
가장 적정한 방법 (이메일, 문자메시지, 전화, 편지, 지인을 통해)					
공통적으로 아는 사람이 누구인가? (소개 등을 위해)					
얼마나 자주 연락을 하는가? (매일 블로그 방문, 월별 소식지, 크리스마스 카드 등)					

시도를 해보자. 현재 알고 있는 것은 무엇이고, 더 알아볼 필요가 있는 내용은 무엇인지를 파악할 수 있을 것이다.

목표 고객을 설정하는 것이 중요하다는 것에 대해서 아직 확신이 서지 않는가? 그렇다면 가운데 목표점이 없는 과녁에 다트를 던진다고 생각해보라. 목표 없이 과녁을 향해 다트를 던져봐야 다트는 사방팔방 날아다니다 아무 곳에나 내려앉을 것이다. 목표가 무엇인지 모른다면 당신이 성공했는지 아닌지를 어떻게 알 수가 있겠는가.

그럼에도 마켓워치 라디오 네트워크의 앵커인 스티브 오어에 따르면 목표점 없이 다트를 던지는 사람이 적지 않은 모양이다. "청취자들이 보내는 사연이 우리와 전혀 상관없는 이야기일 때는 정말 어처구니가 없어요. 우리가 비즈니스 전문 라디오라는 것을 알고는 있는지 물어보고 싶다니까요. 더욱 황당한 것은 홍보 담당자들이 우리가 다루는 내용과 전혀 상관없는 이야기를 하려고 전화를 걸어오는 경우죠."

과녁의 정중앙을 조준하라

목표 고객을 정하는 것은 수학이나 과학처럼 딱 떨어지는 성질의 것이 아니다. 여러 가지 다양한 변수들을 총체적으로 고려해야 한다. 거기에는 그들의 필요, 기분, 문화적 배경, 재정 상태, 성격, 시기, 그리고 그 이상의 것들이 포함되어 있다. 너무 벅차게 느껴진다면 내성적인 사람으로서 당신이 가지고 있는 장점들을 떠올려보라. 당신은 최대한 당신의 고객에 대해서 정확히 파악하려고 하고, 그들에게 당신을 어떻게 차별화할 것인지에 대해 깊이 고민하지 않는가.

"상황의 맥을 짚어보고, 당신의 동물적 감각이 말해주는 소리에 귀를 기울이세요." 목표이미지 연구소Goal Imagery Institute의 창립자인 마리아나 리드Marianna Lead 박사는 이렇게 조언한다. "당신에 관한 것도 아니고, 그들에 관한 것도 아니라는 사실을 알 수가 있을 것입니다.

그것은 새로운 독립체, 즉 당신과 그들에 관한 것입니다. 당신이 이 관계를 얼마나 친밀하고, 진실되고, 성실하게 가져가고 싶은지는 얼마나 친밀하고, 진실되고, 성실하게 그 순간에 임하는지를 보면 알 수 있습니다."

앞의 표에서 목표 고객으로 정한 사람들과 조직의 무리를 들여다보라. 어떤 공통점이 있는가? 대부분이 도시에 사는 30대 독신 여성인가? 아니면 교외에 사는 은퇴한 60대 남성들인가? 고학력자들인가? 인구학적으로 다양하지만 모두 매우 경쟁력 있는 사람들인가?

그들이 가지고 있는 공통적인 사회학적 요소들과 기타 선호 사항들, 이를테면 종교, 소속, 취미 같은 것도 고려해보라. 어떤 일정한 패턴을 찾지 못해도 괜찮다. 그러나 그들이 가진 공통점이 무엇인지를 잘 인식할수록 당신의 자기 PR을 올바른 방향으로 이끌어나갈 수 있다.

윈-윈 게임

프란시스 켈리라는 한 컨설팅 회사의 대표가 있다. 어느 날 그는 중요한 프레젠테이션 준비를 도와줄 컨설턴트가 필요하다고 내게 연락을 해왔다. 그는 충분한 자신감도 있고 사회적으로 성공했음에도 불구하고 많은 청중 앞에서 연설하는 것에 대해서 여전히 두려움을 가지고 있었다. 그는 내가 있는 뉴욕까지 오기는 힘이 드니까 코네티컷에서 컨설턴트를 찾았으면 한다고 덧붙였다.

나는 켈리에게 구체적으로 어떤 부분에 대한 도움이 필요하냐고 물었고, 그는 곧 있을 중요한 프레젠테이션을 계획하고, 예행연습 하는 데 도움을 받았으면 한다고 대답했다. 그때 그냥 코네티컷에 있는 컨설턴트 몇 명의 이름을 그에게 알려주고 손을 뗄 수도 있었다.

하지만 얘기를 나누면서 그와 내가 아주 잘 맞는다는 사실을 알게 되었고, 내가 도와줄 수 있는 부분이 많을 것 같다는 확신이 들었다.

나는 코네티컷에 있는 그의 사무실까지 기차를 타고 움직이기로 결정했다. 켈리는 같이 일하고 싶다는 나의 제안을 흔쾌히 받아들였고, 우리는 바로 계약서에 서명을 했다.

켈리와의 대화는 일방적인 교습이라기보다는 같이 일을 해나가는 협업이었다. 나는 이 잠재 고객에게 지원을 받고자 하는 목표를 구체적으로 그려보라고 주문하며 함께 전략을 짰다. 그렇게 좀더 세세한 질문을 하며 그를 더 정확히 파악하면서 나는 소중한 새 고객을 얻게 되었고, 그는 중요한 프레젠테이션을 성공적으로 수행하기 위한 적절한 지원을 받을 수 있었다. 그야말로 서로에게 윈윈 게임이었다.

미래의 고객에게 가장 필요한 서비스를 제공하기 위해서는 그들이 필요로 하는 바가 무엇인지를 좀더 상세히 캐낼 필요가 있다. 어떻게 하면 표면 아래에 있는 그들의 진짜 요구와 필요를 알 수 있을까? 이번에도 역시 귀 기울여 듣고 깊이 성찰하는 당신의 내향성을 발휘해 보라. 그런 다음에 도움이 되는 방법들을 찾아나서자. 그렇다고 부담을 가질 필요는 없다. 인간적인 측면에서 미래의 고객과 고용주들을 더 세심하게 파악하고, 그들에게 무슨 문제가 있는지를 찾아낸다면 얼마든지 효과적인 자기 PR을 할 수 있다.

또 한 가지 중요한 것은 상대방에게 당신이 무엇을 제공할 수 있는지를 명확히 하는 것이다. 그들이 당신을 고용할 수 있는 실질적인 결정권자이든, 그들 결정권자에게 영향을 미치는 사람이든 간에 말이다. 달리 보면 그것은 당신이 제공할 수 없는 것에 대한 진단이 되기도 하지만, 그렇더라도 최대한 긍정적인 관점에서 이야기를 하는 것이 중요하다. 예컨대 "바라는 모든 것을 다 해줄 수는 없어요"라고 말하기보다는 당신이 무엇을 할 수 있는지에 초점을 맞추어 이야기하는 것이다. 물론 그 차이는 적지 않다.

우리가 누군가에게 자신을 성공적으로 PR하면, 결국 양쪽 모두에게 유용한 결과를 가져올 수 있다. 켈리와 나의 경우처럼 말이다. 그는 일하면서 맞닥뜨린 중대한 장애물을 성공적으로 극복하게 해준 컨설턴트를 만났고, 나는 함께 일하는 것이 기쁨인 새 고객을 얻었다. 나는 켈리에게 나의 서비스를 '판매할' 필요가 없었다. 다만 적극적으로 듣고, 개방적인 질문을 던졌을 뿐이다. 그리고 결국 우리는 양쪽 모두에게 도움이 되는 해결책을 함께 찾았다.

당신은 무엇을 제공할 수 있는가

상사나 자신보다 높은 지위에 있는 사람에게 스스로를 PR하는 것에 큰 부담을 느끼는 사람들이 많다. 물론 겁이 나기도 할 것이다. 하지만 높은 사람들도 당신이 무엇을 제공할 수 있는지 파악함으로써 혜택을 본다는 사실을 알아둘 필요가 있다. 예를 들어 사람을 구하고 있는 상사의 필요를 다름 아닌 당신이 채워줄 수도 있다. 또한 동료의 부탁으로 어떤 조직에 알맞은 사람을 소개시켜주려 할 때는 그의 가용한 네트워킹 파워를 강화시킬 수도 있는 것이다.(그게 당신일 수도 있고, 당신의 네트워크 안에 있는 누군가가 될 수도 있다.)

조직은 대체로 호의만으로 사람을 고용하지 않는다. 채용할 필요가 있을 때, 그리고 좋은 결과가 기대될 때 고용을 결정한다. 그래서 당신이 제공할 수 있는 결과물을 명확하게 표현해야 한다는 것이다. 한마디 더 덧붙이자면, 당신에게 호의를 베푼 사람에 대한 감사 인사는 빠뜨리지 말아야 한다는 것이다. 기회가 되면 당신도 정보 제공이나 소개 등을 통해 상대방을 도울 수 있는 방법을 찾아보도록 하라.

❋ 회사가 당신을 채용하는 이유

회사가 사람들을 채용하는 것이 아니다. 사람이 사람을 뽑는 것이다. 나의 채용 경험에 비추어보면, 개인적인 친분이 큰 역할을 한다는 것을 부정할 수 없다. 엠노박디자인mNovakDesign의 회계 담당 이사인 게리 오슬란드Gary Osland도 이에 동의하는 말을 한 적이 있다. "사람을 뽑을 때 두 사람 가운데 한 명을 선택해야 한다면, 내 기준은 이렇습니다. '첫째, 그들이 실제로 그 일을 수행할 수 있는가? 그 다음은 내가 그들을 믿을 수 있는가? 그리고 세 번째, 모든 것이 똑같다면 누구한테 더 호감이 가는가?'를 고려하게 되는 것이죠."

당신도 누군가를 채용해본 적이 있는가? 무엇 때문에 다른 후보자들을 제치고 어느 한 후보자를 선택하게 되었는가? 왜 당신은 비슷한 자질의 다른 사람들을 제쳐두고, 그 치과의사, 그 미용사, 그 베이비시터, 그 직원을 선택했는가? 회계사를 고용할 때는 오로지 신뢰가,

실내 장식가를 선택할 때는 미적 감각이 가장 중요한 기준이 되었는가? 만약 그게 아니라면 다른 우선순위가 있었는가?

당신이 사람들을 뽑을 때 어떤 부분이 가장 영향을 미쳤는가를 곰곰이 생각해보라. 일에 대한 그들의 열정 때문이었는가? 뭔가 잘 맞을 것 같은 느낌 때문이었는가? 그들이 당신에게 준 신뢰감 때문이었는가? 비용? 편의성? 그 밖에 다른 이유 때문에? 이렇게 생각하는 과정을 통해 자신으로부터 한 발자국 떨어져서 사람들이 당신을 고용하는 이유가 무엇인지에 대한 통찰을 갖게 될 것이다.

당신이 갖고 있는 특별한 것

이번에는 사람들이 왜 당신을 선택하는지 그 이유를 살펴볼 차례다. 추정하는 것은 어렵지 않다. 그러나 진짜 대답을 찾아내기란 쉽지 않을 것이다. 사람들이 왜 그 많은 후보자들을 뒤로 하고 당신을 고용하거나 당신과 계약을 맺는지를 생각해보자. 보통 사람들이 가지고 있는 것보다 당신에게 더 뛰어난 점은 무엇인가?

앞에서 작성한 '목표 고객에게 당신이 제공할 수 있는 것' 이란 제목의 표(112페이지 참조)를 다시 살펴보자. 당신이 제공할 수 있는 것과 과거 당신의 목표 고객이 진가를 인정한 부분 사이에 겹치는 내용이 얼마나 되는가? 그들이 전반적으로 가치 있게 여기는 것은 무엇인가? 이에 대해 스스로 생각해본 후 간단한 시장조사를 통해 좀더 알

사람들이 당신을 고용한 이유

이유	목표 고객 1 이름:	목표 고객 2 이름:	목표 고객 3 이름:
신뢰			
편의성			
임금 및 보상 수준			
열정			
편안함			
자신감			
빈틈없이 철저함			
해당 분야에서의 두각을 보이는 것			
친절			
가족 또는 친구관계			
가능성			
사은품			
효율성			
사무실 공간			
사무실 직원			
기타			

아보라. 믿을 만한 상사, 고객, 그리고 자원봉사했던 곳의 관리자에게 왜 당신을 선택했는지를 물어보는 것은 어떨까? 생각지도 못한 놀라운 대답이 나올 수도 있다.

자, 이번에는 당신과 다른 후보자들이 고만고만한 수준의 경험과 능력을 가지고 있다고 하자. 위의 표에는 당신이 생각할 때 사람들이 당신을 고용하거나 당신과 계약을 맺은 가장 큰 이유가 뭔지를 써보라. 먼저 표의 맨 위칸에 관리자나 고객의 이름을 적어라. 그리고 각 목표 고객의 입장에서 가장 중요하다고 생각되는 이유에 1, 그 다음으로 중요한 내용에 2, 그 다음에 3과 같은 식으로 우선순위를 매겨라. 이들 이해관계자에게 실제로 물어볼 수 있다면, 그들이 말하는 진짜 이유를 덧붙여라.

내가 아는 많은 이들은 그들의 능력이 다른 후보자들과 대동소이할 때 채용 담당자와의 면식 여부가 일자리를 얻는 데 결정적인 역할을 한다는 것에 공감하는 편이다. 그들은 이런 깨달음을 얻은 후부터 자신을 PR하거나 능력을 강조하는 데 에너지를 쏟는 것만큼이나 관계 구축에 집중하게 되었다고 한다.

❃ 당신이 당연하다고 여겨온 것들

당신의 보스나 고객들이 당신을 선택한 주요 이유들을 다시 한 번 살펴보라. 당신이 그저 당연하다고 여겨온 특성들이 제법 포함되어 있지 않은가? 매우 뛰어난 자질임에도 불구하고 당신에겐 너무나 쉽고, 언제나 당연히 그래왔기 때문에 이제껏 알아채지 못한 것이다. 물론 사람들은 여전히 당신의 이러한 능력들을 인정하고 있다.

종이를 꺼내 순간순간 간과해온 당신의 능력 세 가지를 적어보라. 나의 경우는 이렇다. 1) 사람들과 대화할 때 표현되지 않은 행간의 의미를 읽을 수 있다, 2) 다른 사람에 대한 관심과 연민이 많다, 3) 혼돈의 상태에서 질서를 잡아가는 능력이 있다.

매일 이러한 나의 특성을 떠올리느냐고? 글쎄, 고객들이 높이 평가하는 내용이라면, 그렇게 하는 것도 나쁘진 않을 게다. 그러나 거기까진 아니더라도 최소한 이러한 특성들에 대해 스스로 인식은 하고 있어야 하지 않을까?

스스로에 대해 당연시해온 것으로 또 어떤 것들이 있는가? 종종 잊어버리기도 하는 당신의 자산 세 가지를 열거해보라. 앞에서 당신의 진가가 무엇인지 드림팀에게 조사했을 때 나왔던 대답을 찾아 적는 것도 괜찮다. 아니면 믿을 만한 한두 사람에게 간단한 조사를 추가로 실시해보는 것도 좋다.

자, 당신이 자신에 대해 당연시하는 것이 무엇인지를 짚어보는 과정에서 어떤 생각이 드는가? 아마도 당신이 가지고 있는 자산에 대해 스스로가 분명하게 인식할수록 다른 사람들도 더 확실하게 그것을 알게 된다는 것이리라.

그렇다면 스스로의 진정한 가치가 무엇인지를 깨닫는 것이 목표 고객을 설정하는 데 어떤 도움을 줄 수 있을까? 이 장을 시작하면서 우리가 처음 정의한 내용으로 돌아가보자. 효과적으로 목표 고객을 정하려면 그들이 원하는 부분과 당신이 가지고 있는 부분 사이의 겹치는 지점이 어디인지를 보아야 한다. 당신은 여러 가지 고유한 특성들을 가지고 있다. 당신이 목표로 하는 고객은 그 가운데 어떤 부분을 가장 높이 평가할까?

양보다 질로 승부한다

리더십 트레이닝 매니저인 앤 하울은 자신에게 적합한 사람들을 목표 고객으로 삼는 것의 중요성에 대해 이렇게 역설한다. "내성적인 사람들은 양보다 질로 승부하는 것이 좋습니다. 일대일로 사람들과의 관계를 키워 나가되, 누구를 신뢰할 것인가에 대한 당신의 결정과 배짱을 충분히 믿어주길 바랍니다."

하울의 말을 증명하는 사례가 있다. 내성적인 사람들로 구성된 내 고객들은 나를 고용해서 자기 PR 하는 것을 도움받고자 했다. 이 고객들은 중요한 모든 사항들을 내게 전적으로 위임했고, 함께 생각하는 파트너이자 충실한 지원자로서 나를 지지했다. 그들과 함께 일한 기간이 6주였거나 1년이었거나 그것은 별로 중요하지 않았다. 우리 사이에는 깊은 신뢰가 형성되었고, 그 이후로 영원히 서로의 네트워크의 일원이 되었기 때문이다.

이 고객들은 또한 누군가 필요로 하는 사람들에게 추천이나 소개를 해줄 수 있는 귀중한 자원이 된다. 이러한 이유들로 인해 나는 사람들과의 관계를 매우 소중하게 생각하고 키워나간다. 당신은 어떠한가? 이제 당신에게 잘 맞는 사람들, 기꺼이 당신의 네트워크 구성원이 될 사람들, 또한 당신의 에너지를 소모시키지 않을 사람들을 찾아보라.

지금까지 당신의 목표 고객을 알고, 그들이 당신에 대해 높이 평가하는 부분이 무엇인지를 파악했다. 다음 장에서는 그들을 만나러 밖으로 나갈 것이다. 내성적인 사람이라는 당신의 장점을 더욱 북돋아 적용해보길 바란다.

CHAPTER 4

네트워크가 나를 살린다

자기 PR을 당신이 기꺼이 알고 지내고 싶은 사람과 연결되는 수단으로 생각한다면 조금 더 쉽게 접근할 수 있을 것이다. 당신이 어떤 사람들을 기꺼이 도와주었다고 하자. 어떤 대가를 바라지 않고, 그저 좋은 기회에 재능 있는 사람들과 친해지고 싶어서 말이다. 그런데 그러한 관용은 예상치 못한 경우에 자기 자신에게 되돌아오곤 한다. 그것도 엄청나게 커져서 말이다. 자기의 재능이나 능력을 보여주는 것은 단지 자기 PR의 범주를 넘어서, 그들이 필요로 하는 것 중에 당신이 가지고 있는 것이 무엇인가를 그들에게 알려주는 일이기도 하다.

✾ 내 말이 먹히는 영역을 확장하라

"대학살이 있었죠." 화장품 회사의 인사 담당 팀장(편의상 그녀를 진저 파커라고 부르자)이 낮은 목소리로 말했다. "존경하던 상사가 해고당하고 나의 천적이 우리 부서의 책임자로 왔어요. 다음날 나는 회사에 아프다고 전화를 하고, 연락 가능한 모든 사람들의 이름을 찾아 목록을 만들기 시작했죠. 내 인생에 빨간 경고등이 켜진 시절이었어요. 나는 그 지옥에서 빠져 나와야만 했어요."

내성적인 성격의 파커가 상황을 극복해낸 방법은 이렇다. "생각해 낼 수 있는 모든 이들의 이름을 브레인스토밍했어요. 친구, 가족, 이전 상사들, 고객이나 동료, 심지어 엘리베이터나 신발가게, 자쿠치 Jacuzzis(기포가 나는 욕조)에서 만난 사람들까지도 말이에요." 그녀는 가만히 되뇌며 말했다. "다행스럽게도 몇 년 동안 나는 사람들과 친분을 쌓고, 정보를 공유하고, 무슨 일에든 앞장서고, 적극적으로 연락을 취하고, 문제해결사로서 내가 가진 재능을 제공하는 데 인색하지 않았더군요."

"얼마나 많은 사람들이 기꺼이 나를 도와주었는지 모릅니다. 엄청난 관심과 지원들이 쏟아지는 가운데 몇 달 후 예기치 않은 곳에서 새로운 일자리를 얻게 되었어요. 1년 전에 뉴질랜드에서 번지점프를 하면서 만났던 사람이 나를 그의 동료에게 소개한 것입니다. 그 사람은 채권 관련 일을 했고, 나는 당시 인사팀 팀장이었으니까 전혀 다른 계통의 일이었는데도 말입니다. 몇 주 만에 업계의 경쟁사로부터 혹할 만한 매력적인 제안이 들어왔고, 나는 뒤도 안 돌아보고 바로 짐을 쌌습니다."

파커의 일화는 우리가 상호이익을 위한 비즈니스 관계 구축이라고 정의한 '네트워킹' 의 중요성을 여실히 입증하고 있다. 네트워킹은 일자리를 구하고 있거나 내 사업이 어려울 때 힘을 불어넣는 자기 PR의 심폐소생술이라 할 만하다. 때문에 한 번에 하려고 하기보다는 평상시에 오랜 시간을 두고 꾸준히 노력을 기울여야 제대로 효과를 볼 수 있다.

엠노박디자인의 회계 담당 이사인 게리 오슬란드Gary Osland는 이에 대해 이렇게 말하기도 한다. "나의 네트워크 안에 많은 사람들이 있고, 내가 그들을 연결시켜줄 수 있다는 사실을 매우 소중하게 생각합니다. 나의 동료들은 무엇을 찾든지 간에—훌륭한 연설문 작성자든, 척추지압사든, 또는 열쇠 수리공이든—내게 문의를 해옵니다. 그들이 내가 추천한 것을 신뢰하는 것은 매우 기분 좋은 일이죠. 그리고 내가 베푼 호의는 언제라도 다시 내게로 되돌아옵니다."

네트워크가 왜 중요한가

내성적인 당신은 대부분 말하는 것보다는 듣는 쪽에 더 많은 시간을 할애할 것이다. 당신은 아마도 조직에서 믿음직하고 책임감 있는 일꾼이며, 깊이 있고 지속적인 관계를 구축하는 능력을 가지고 있을 것이다. 사람들은 당신에게 전문적인 지식이나 기술을 기대할 것이다. 그러나 당신은 분명 분위기 메이커는 아니다. 당신은 당신만의 공간과 조용한 시간을 중요하게 생각하는 사람이다.

그럼에도 불구하고 당신은 지속적으로 당신을 지원하는 강력한 네트워크를 만들 수 있는 장점을 갖고 있다. 자, 어떻게 하면 당신의 네트워크를 좀더 넓고 깊게 만들 수 있을까? 어떻게 하면 사람들과의 만남에서 어색함을 느끼지 않을 수 있을까?

그런데 왜 네트워크가 중요한가? "브랜드 기업들의 네트워킹 이용기"라는 제목으로 실시한 한 조사에 따르면, 새로운 직원을 고용할 때 취하는 첫 번째 외부적인 자원은 추천이나 소개(28%)이다. 두 번째 자원은 온라인 취업 게시판(26%)이다. 따라서 채용 집단에게 통할 입소문은 기업이 마침내 당신을 찾아내게 하는 가장 좋은 방법이다. 또한 당신이 독립적인 컨설턴트 또는 자영업자라면, 당신의 네트워크—당신에 대해 찬양가를 불러줄 고객이나 동료들을 포함하여—가 당신의 요금청구서를 해결해주는 강력한 밑천이 될 것이다.

　당신이 일자리를 구하고 있다고 네트워크 구성원에게 말하지 않는 한 잠재 고객이나 고용주는 당신을 찾아내기 어렵다. 지금부터는 현재 당신이 가지고 있는 재능이나 자원들을 가지고 어떻게 하면 일자리 찾기에 도움을 주는 네트워크를 강화시켜 나갈지에 대해 논의를 할 것이다. 그러나 그 첫 번째 전화를 하기 전에 당신이 무엇을 줄 수 있는지, 누가 관심이 있을지, 다른 사람에게 돌아가는 것은 무엇인지, 당신이 네트워크에서 얻고자 하는 것은 무엇인지를 제대로 파악할 필요가 있다.

❋ 매력 있는 사람 VS 가치 있는 전문가

《내게 맞는 일자리Career Match》의 저자 쇼야 지치는 기본적인 자기 PR 방법에 대해 다음과 같이 조언을 하였다. "단체에 가입하거나 시간을 할애하여 봉사활동을 하고, 회사 내의 특별한 행사나 프로젝트에 적극적으로 참여하세요."

그녀는 또한 내성적인 사람들에게 유리한 접근법을 귀띔해주었다. "다른 부서 사람들도 참여하는 프로젝트에서 당신의 전문 능력을 마음껏 발휘할 기회를 찾아보세요. 회사 간행물이나 업계 소식지에 자주 기고하는 것도 좋은 방법입니다. 매력 있는 사람으로 알려지기보다는 가치 있는 서비스를 제공하는 전문가로 알려지도록 하는 것이 중요합니다."

이와 함께 지치는 〈포춘〉이 선정한 500대 기업의 CEO인 어느 내성적인 사람의 사례를 예로 들었다. 그는 눈에 띄는 사람이 되고 싶어

했지만, 모임이나 클럽에 나가 얘기하는 것을 즐기거나 하는 타입은 전혀 아니었다. 그래서 그는 궁리 끝에 미술 전문가로서 주요 박물관의 위원회에 참여하기로 했다.

지치에 따르면 사람들이 위원회에 자발적으로 참여하는 가장 큰 이유는, 바로 '누가 그들 옆에 앉을 것인가'에 관심이 있기 때문이라고 한다. 위원회 활동을 하면 공통된 관심사를 가진 사람들과 1년 혹은 그 이상의 기간 동안 정기적으로 교류를 갖게 된다. 이 과정에서 위원회 구성원 중 몇몇 사람과는 좀더 깊이 있고 지속적인 관계로 발전시켜나갈 기회를 가질 수 있다. 내성적인 사람에게는 더할 나위 없이 좋은 방법이다.

공유의 정신

자기 PR을 당신이 기꺼이 알고 지내고 싶은 사람과 연결되는 수단으로 생각해보자. 아마도 자기 PR에 조금 더 쉽게 접근할 수 있을 것이다.

내가 아는 한 고객은 이번 주에 그의 동료 세 명을 힘껏 도와주었다. 어떤 대가를 바라고 한 것은 아니다. 재능 있고 겸손하며 내성적인 나의 고객은 단지 좋은 기회에 재능 있는 사람들과 친해지는 것을 좋아할 뿐이다. 그런데 그러한 관용은 예상치 못한 순간에 자기 자신에게 되돌아오곤 한다. 그것도 엄청나게 커져서 말이다. 그는 누구한

테도 억지로 밀어붙이거나 압력을 행사하지 않는다. 물론 모든 사람이 그의 '공유 정신'에 동의하는 것은 아니지만, 그는 관계의 중요성을 알고 두고두고 동료들을 보살피는 사람들과 늘 함께하고 있다.

당신이 뭔가 일이 잘못되어 재판을 앞두고 있는 사람의 입장을 대변하는 변호사라고 하자. 또는 복잡한 콘셉트를 쉬운 말로 풀어내는 전문 작가라고 생각해도 좋다. 이러한 재능을 보여주는 것은 단순히 자기 PR의 범주를 넘어서, 그들이 필요로 하는 것 중에 당신이 가지고 있는 것이 무엇인가를 그들에게 알려주는 일이기도 하다.

바루치 대학의 총장인 카트린 워드론 박사는 당신의 이야기를 전할 수 있는 수단으로 포럼을 제안하기도 한다. "이를테면 오찬의 공동 주최자가 되는 것이죠. 사람들을 한자리에 같이 모이게 하면, 함께 흥미로운 대화를 나누게 될 것입니다. 이런 식으로 리더십을 보여주는 것입니다. 당신이 연설을 한다거나 앞에 나설 필요까지는 없습니다. 진짜 내성적인 사람이라면 그런 것들이 편할 리 없을 테니까요."

내 탓으로 생각하지 마라

물론 친해지려는 당신의 노력에 반응을 보이는 사람도 있을 것이고, 아닌 사람도 있을 것이다. "내 탓이라 생각하지 마세요." 사진작가인 맥스 빅토르 알퍼Max Victor Alper 박사는 이렇게 말한다. 하지만 말이 쉽지, 어디 그렇게 되는가.

알퍼의 접근법에 대해 좀더 설명하자면 이렇다. "저는 예술가로서 두 가지 자아를 키워왔어요. 하나는 미학적/정신적인 세계이고, 다른 하나는 현실적/물질적 세계와의 조화이지요. 이런 식의 자각은 다른 사람의 부정적 태도로부터 나를 보호해줍니다. 예술가는 창작을 할 때는 영적 체험을 하는 것과 비슷하게 미와 진실의 영역에 존재하게 됩니다. 현실의 삶이 자꾸 왜소해지더라도 이와 상관없이 창작의 과정은 신나고 즐거울 수 있죠." 그는 사뭇 진지한 태도로 말했다. "이 평범하지 않은 창작의 영역에서만큼은 타인의 비판을 허용하지 않는 광신도 같다고 할까요?"

이제 알퍼가 말하는 '현실적이고 물질적'인 세계에 대해 이야기를 해보자. 네트워킹에 대한 그의 원칙은 이렇다. "세 번 시도해보고 아니면 그만입니다. 만약 당신이 내가 하는 말에 관심을 갖고 있는 잠재 고객이라면, 내가 보낸 문자 메시지나 이메일에 답하지 않는 것은 서로에게 손해입니다. 당신은 내가 줄 수 있는 도움을 받을 수 없고, 나는 당신과 함께 일할 기회를 얻을 수 없으니 말이지요.

자, 당신한테 연락이 없다고 해서 내가 속상해하며 주말을 망칠까요? 어쩌면 그럴지도 모르지만 그러지 않기로 했습니다. 갑자기 당신에겐 엄청나게 급한 일이 생겼을 수도 있고, 출장으로 자리를 비웠을 수도 있고, 그게 아니라면 그저 깜빡 잊어버렸을 수도 있겠지요. 상관없어요. 내 시간도 소중하긴 마찬가지이니까요. 더군다나 내게는 돌아가야 할 나만의 미와 진리의 세계가 있습니다."

지금까지 이야기한 바에 의하면 어떤 결론을 내릴 수 있을까? 누군가와 이어지려고 시간과 에너지를 투자하며 몇 번이나 계속해서 문을 두드렸는데도 아무런 대답이 없다면, 다른 기회를 찾도록 스스로를 그만 놓아주어라. 이런 경우에 내성적인 사람들은 자책에 빠져서 자기회의의 소용돌이로 스스로를 밀어넣기 쉽다.

다른 사람에게 다가가는 법을 아는 것도 중요하다. 하지만 상대방한테 연락이 없는 것에 대해 수도 없이 자신을 탓하며 괴롭히는 것은 자멸로 가는 지름길이다. 이를 아는 것도 타인에게 다가가는 법을 아는 것 못지않게 중요하다.

내성적인 사람들을 위한 전화 통화법

- 통화할 때 손을 자유롭게 사용할 수 있도록 하라. 메모하기 훨씬 쉬운 장점이 있다.
- 전달하고자 하는 가장 중요한 포인트를 떠올릴 수 있도록 노트를 준비하라.
- 전화를 걸기 전에 심호흡을 크게 몇 번 하라.
- 긴장하면 목이 잘 잠기는 사람이라면 목소리를 정상적으로 낼 수 있도록 반드시 사전 점검을 하라. 전화기를 들기 전에 나는 항상 "하나, 둘, 셋 마이크테스트"하고 크게 소리 내어 말해본다. 모든 시스템이 제대로 작동되는지 확인하는 것이다.
- 믿을 만한 누군가와 함께 역할 분담을 하면서 혼자 전화 거는 연습을 하라. 녹음을 하여 어떤 인상을 주는지 들어보라. 자신감에 찬 목소리가 아니라면, 좀더 자신감 있게 들릴 때까지 연습하라.
- 되도록 휴대전화는 사용하지 않도록 한다. 자동차가 빵빵거리는 소리, 버스가 지나가는 소리가 들리거나 전화가 끊어지는 경우가 없도록 해야 한다. 가능한 한 통화하기 조용한 장소를 찾는 것이 좋다.
- 발음이 분명하지 않다면 천천히, 목소리가 잘 들리게 또박또박 말하도록 특히 신경을 써야 한다.
- 반드시 피해야 할 세 가지가 있다. 단조로운 목소리로 처음부터 끝까지 똑같이 말하는 것, 점점 기어들어가는 목소리로 말하는 것, 끝까지 분명하게 말하지 않고 말끝을 흐리는 것이 그것이다.
- 메시지를 남길 때에는 성과 이름을 다 말하라. 그런 다음에 당신의 전화번호를 분명하게, 반복해서 말하도록 하라.

✤ 도움이 필요할 때 어떻게 요청할까?

알고 있는 누군가가 도움을 필요로 할 때 당신은 너그럽게 아량을 베푸는 스타일인가? 부디 그러길 바란다. 나는 내 네트워크에 있는 사람들을 도와 그들이 갈망하던 기회를 얻게 해줄 때 큰 보람을 느끼곤 한다. 그들을 위해 나는 주로 전화나 이메일(내성적인 나의 성향으로 보아서는 전화나 이메일이 제격이다)로 연락을 한다. 나는 꽤 유능한 연결자이기 때문에, 내가 뭔가를 필요로 할 때 많은 이들이 기꺼이 나를 돕는다.

그런데 거꾸로 누군가의 도움이 필요할 때 어떻게 요청을 하면 좋을까? 무턱대고 부딪치기보다는 전략을 짜서 당신의 접근 방식을 점검해보고, 초반에는 가능한 지원도 받는 것이 좋다. 먼저 누가 당신을 응원해줄 사람인지를 살펴보라. 그들에게 어떻게 접근할 것이며, 당신을 위해 무엇을 해달라고 요청할 것인가?

무엇보다 중요한 것은 시도하고자 하는 마음가짐이다. 그들이 당신이 만든 '엘리베이터 스피치'(고객이 엘리베이터에서 내리기 전까지 나와 내가 하는 일을 알리기 위한 똑떨어지는 홍보 문장)의 내용에 대해 피드백을 해줄 수 있든 없든 간에, 그들 조직의 누군가에게 당신을 소개하든 말든 간에, 당신의 목표 고객이나 영향력 있는 사람을 만날 수 있는 행사에 당신을 초대하든 하지 않든 간에, 도움을 요청하는 것은 일단 의미 있는 노력이다.

전략이 필요하다

그럼에도 도움을 요청하는 것은 분명 쉽지 않은 일이다. 무슨 말부터 해야 할지도 고민이다. 다시 듣는 이에 대해 깊이 생각하는 내성적인 사람의 능력을 발휘해서, 신중하게 말을 골라 전화 대본을 만들자. 한마디 한마디를 대본대로 따라할 필요는 없지만, 중요한 요점을 적어 놓는 것은 생각을 체계화하는 데 도움이 될 수 있다. 이메일이 편하고 더 좋은 방법이라면 이메일에도 비슷한 표현을 사용할 수 있다. 다음 두 가지 사례를 참조해보라.

➡ **좋은 예**
안녕하셨어요, 티나?
일전에 환경보호단체인 그린피스의 활동에 대한 기사를 읽다가 당신 생각을 했어요. 당신이 후원하는 단체잖아요. 같이 이야기를 나눈 지도 꽤 오래되었네요. 어떻게 지내시는지 궁금합니다. 저는 직장을 옮길까 궁리 중이라 정신이 없네요.
저는 언제나 당신의 지혜와 경험을 존경해왔답니다. 조만간 만나 커피라도 마시면서 함께 의논할 수 있는 기회가 있을까요? 어떤 식으로 접근해야 하고, 누구를 만나 이야기를 해야 할지에 대해 조언을 부탁드리고 싶습니다. 당신의 사무실 근처에 있는 스타벅스에서 만나는 것도 좋습니다. 제가 맛있는 커피 한 잔 대접할게요.

➡ **나쁜 예**
내 고객 중 한 명은 연락해야 할 사람들의 목록을 만들고 행동에 옮길 만반의 준비를 마쳤다. 훌륭한 전화 대본을 써놓고 옛 동료에게 처음으로 전화를 했다. 옛 동료는 전화를 받고 기뻐하면서, 한참 동안 그녀의 성공 스토리를 늘어놓으며 근황을 전했다.
한 시간쯤 지나 내 고객은 마침내 그녀가 알고 있는 지인들을 소개받고 싶다는 메시지를 전했다. 그러자 그 동료는 자신의 조카를 한 번 만나주겠냐고 물었다. 그 조카 역시 나의 고객처럼 프리랜서 일을 찾고 있다면서. 하지만 나의 고객이 다시 누구를 소개시켜줄 수 있느냐고 묻자, 그녀는 그녀가 최근에 거둔 성공으로 화제를 돌렸다.

내 고객은 특히 말이 많은 사람(특히 의식하지 않고!)과 통화할 때는 대본을 바꿔야 한다는 것을 알게 됐다. 그는 다시 자신의 의도를 맨 윗부분에 명확하게 넣었다. 이메일일 때는 맨 처음에, 전화일 경우에는 통화를 시작하면서 말을 꺼내는 것이다. 통화의 목적은 무엇이고, 얼마나 오랫동안 통화를 할지에 대한 합의를 먼저 하는 것이다.

예를 들면, "바쁘실 테니 한 30분 가량 통화해서 계획을 세우면 어떨까 싶습니다. 당신이 무엇을 하는지를 듣고, 내가 찾는 것이 뭔지를 얘기하고, 당신이 내게 누구를 소개시켜줄 수 있을지에 대해서도 의논하고 싶습니다. 좀더 시간이 필요하다면 한 번 더 전화를 하겠습니다. 만나서 차라도 한 잔 하면서 얘기를 계속 나눠도 괜찮을까요?"

전화를 할 때 알아야 할 것들

네트워크 구축을 위한 전화 통화를 준비할 때 다음 사항을 점검하라.

- 전화의 목적(정보를 알아내기 위한 것인지, 설득하려는 것인지, 팔려는 것인지, 행동을 취하게 하려는 것인지, 관계 구축을 위한 것인지)
- 원하는 결과
- 핵심 포인트
- 목표 대상-전화 상대(그 또는 그녀가 가장 관심을 가지고 있는 부분이 무엇인가?)
- 높은 사람과 전화할 때 필요한 것(가장 자신 있는 부분은 무엇이고, 가장 자신 없는 부분은 무엇인가?)

➡ **체크리스트**
- 말을 시작하는 데 도움이 될 만한 간단한 잡담거리는 준비했는가? 외향적인 사람과 이야기하는 경우에는 특히 필요하다. 이를테면 휴가를 어떻게 보냈는지 묻는다거나, 공통적으로 아는 누군가의 안부를 묻는다거나, 관련된 뉴스를 이야기한다거나 하는 식으로 말이다.
- 대답하기 가장 곤란한 질문이 있다면 무엇인가? 그에 대해 어떻게 응답할 것인가?
- 이 통화에서 가장 큰 관심사는 무엇인가? 어떻게 말을 꺼낼 것인가?
- 전화기 옆에 준비해두어야 할 것은?(물, 사탕, 마음을 진정시키는 데 도움이 되는 것들)
- 자신감 있게 들리려면?(생동감 있게 목소리 내기, 자연스러운 톤으로 말하기, 자기 페이스대로 속도 유지하기 등)

❋ 어색한 분위기를 어떻게 극복할까?

"길을 가다가 웃기게 생긴 차를 봤다면, 누군가에게 이렇게 말할 수 있어요, '저 차 좀 봐요, 꼭 M&M을 뻥튀기 해놓은 것 같지 않나요?' 상대방이 이 이야기를 듣고 웃었다면, 그것으로 어색한 분위기는 끝이죠." 브로드웨이 뮤지컬 작곡가 제닌 테소리의 말이다.

"이 두세 문장 정도로 채워진 짧고 순진한 만남으로 당신은 인정하게 될 거에요. '이봐요, 우리는 이 지구상에 함께 있어요. 서로 이야기하는 것이 그리 어려운 일이 아니네요' 라고 말이죠. 택시기사 아저씨나 미용실 디자이너와 같이 일상적인 만남에서도 어색한 분위기를 바꾸는 연습을 해보세요. 의사나 교수와 같이 권위 있는 사람들과 이야기할 때도 겁먹을 이유가 하나도 없답니다."

고위층 임원과의 만남

대기업에서 일하는 줄리 길버트의 대담한 이야기를 들어보자. "직장 생활 초기에 모시던 저의 상사는 어떤 회의에 저 혼자 참석해야 하는지, 그와 제가 함께 참석해야 하는지, 아니면 그 혼자 참석해야 하는지에 대해 매우 민감하게 반응했습니다. 제가 이끄는 프로젝트였으므로 논의할 때 제가 있어야 하는 건 당연한데, 이해할 수 없는 처사였어요. 그러던 어느 날, 우리가 진행하는 일에 경영진의 식견을 좀더 반영하면 좋을 것 같으니 임원들을 제가 직접 만나도 괜찮겠냐고 그에게 물었죠. 제 의도는 건전했고, 지원을 받으려는 것은 오로지 일이 더 잘되게 하기 위한 행동이었기 때문에 상사는 안 된다고 말할 명분이 없었지요."

나는 길버트에게 대기업처럼 큰 조직에서 일하는 독자들이 따라해 볼 만한 조언이 있다면 무엇이냐고 물었다. "너무 오래 고민하지 말고 한두 단계 더 높은 상사에게 찾아가보도록 하세요. 업무 보고를 위한 만남, 피드백을 위한 만남, 그저 당신을 알리기 위한 만남 그 어느 것이라도 좋습니다. 손해 볼 일은 없습니다. 그들은 좋은 협력자가 되어줄 것입니다."

길버트의 얘기를 들으면 두려움이라곤 도통 모르는 사람 같지만, 그녀도 여러 조직 간의 알력 속에서 현명하고 요령 있게 행동해야 하는 어려움이 있었다고 토로하기도 했다. "큰 문제들에 대해 고위층 임원들과 개인적으로 논의를 하면서 나의 네트워크(인맥)를 넓혀갔습니다. 서로 인간적으로도 알게 되었지요. 내내 일 얘기만 한 것은 아니었으니까요. 10분 정도는 그들이 어떤 사람인지, 아이들은 있는지, 취미는 무엇인지, 그 회사에서 몇 년 동안이나 근무했는지 등에 대한 이야기를 나누었지요. 나는 그들이 나를 찾을 만한 이유를, 그리고 복도에서 만나면 이야기를 나눌 만한 이유를 만들려고 했어요. 그리고 어느덧 그들의 아이들이 잘 지내는지를 비롯해 그 밖에 어떤 일이라도 편하게 물어볼 수 있게 되었습니다."

대화를 어떻게 시작할까?

이제 모든 종류의 만남에서 두루 사용할 수 있는 다목적 인사법을 알아보자. 간단하지만 어색한 분위기를 바꾸는 데 효과적인 역할을 할 것이다.

누군가와 인사를 나누듯이 거울 앞에 서서 웃으면서 손을 내밀어 보라. 그리고 그 방의 주인공처럼 말하는 것이다. "안녕하세요, 제 이름은 ○○○입니다." 바로 그것이다. 별것 아니다. 자신감이든, 지성이든, 우아함이든 당신이 보여주는 대로 사람들은 이해할 것이다. 그 이상도, 그 이하도 아니다.

당신보다는 좀더 외향적인 사람과 행사나 모임에 같이 가는 것도 괜찮은 방법이다. 당신을 위해 상황을 만들어줄 수 있는 사람이라면 도움이 될 것이다. 누군가 당신을 다른 사람들에게 소개시키도록 할 수 있다면 상대방에게 곧바로 신뢰를 얻을 수 있다. 따라서 누가 참석할 것인지를 포함해서 그 행사에 대해 미리 철저히 준비를 하는 것이 유리하다. 일찍 도착하면 그곳이 복잡하고 시끄럽게 붐비기 전에 대화를 즐길 수 있다. 그러는 동안 이름표를 자세히 살필 수 있고, 앞으로 누구와 이야기를 나누어야겠다는 판단을 할 수 있을 것이다.

자, 이제 악수를 하고 머리를 맞대었다. 그 다음은 어쩌지? 신발만 쳐다보고 있나? 주머니에서 애꿎은 보풀만 뜯고 있나? 아니면 문자 메시지를 들여다보고 있나? 이래선 안 된다. 자신에 대한 압박이나 관심을 접고 다른 사람에게 초점을 맞추는 것은 어떨까? 여기 대화를 이어나가는 몇 가지 방법이 있다.

- 모임에 가기 전에 몇 가지 대화 주제를 준비하라. 내 고객 중의 한 명은 야후를 주로 찾아보는데, 그날 메인에 뜨는 기사들을 애용한다고 한다.
- 방금 들은 연설에 대해, 혹은 그 모임의 또 다른 측면에 대해 긍정적인 발언을 하라.
- 개방형 질문을 하라. 어색한 침묵이 흐르지 않도록 하려면 "예", "아니오" 같은 간단한 대답이 나올 만한 질문들은 피하라. 적극적으로 상대방의 대답을 들어라.
- 대화 상대방이 당신이 좋아하는 스타일로 옷을 입었다면 칭찬해 주어라.(거짓말은 안 통한다.)
- 조언 혹은 의견을 부탁하라. 사람들은 보통 자신이 아는 것에 대

해 이야기하는 것을 즐긴다.

목적은 서로 교감하여 상대방을 알고자 하는 것이다. 적어도 처음에는 말이다. "사람들은 상대방이 자기에게 관심을 보일 때 가장 잘 반응합니다." 엠노박디자인의 게리 오스란드의 말이다. "인맥을 구축해야 하는 상황이 다소 불편하게 느껴지더라도, 다른 사람들 역시 마찬가지라는 사실을 기억하세요. 하지만 우리 모두는 어떤 방식으로든 연결되기 위해 그곳에 있는 것입니다. 그렇지 않다면 시간만 낭비하고 있는 것이죠."

미소를 띠며 긍정적이고 호의적으로 대하되, 너무 지나치게 사적으로 다가가지 않도록 조심하는 것이 좋다. 종교나 정치, 섹스와 같이 처음 만난 사람들이 대화하기 적합하지 않은 주제는 피하라.

"사람들과 어울리는 것은 충분히 습득할 수 있는 기술입니다." MBTI 성격유형 개발자인 캐더린 마이어의 말이다. "나 역시 칵테일 파티에서 어떻게 행동해야 하는지를 따로 배워야 했죠. 하지만 억지로 외향적인 사람처럼 행동하는 것은 아닙니다. 아무도 아는 이가 없다면 혼자 있는 사람에게 다가가서 그에게 질문을 하죠. 내가 관심을 보이면 사람들은 자신에 대해서 이야기하려고 합니다."

가끔씩 힘이 달릴 때에는 내가 먼저 접근하려고 하기보다는 사람들로 하여금 내게 다가오게 하는 것도 괜찮다. 당신에게만 살짝 노하우를 알려주면 이렇다.

- 좋은 대화거리가 될 만한 것을 몸에 착용하라. 이를테면 펜던트나 브로치 같은 것이 관심을 끌기에 좋다. 남자의 경우에는 재미있는 무늬가 있는 넥타이나 특이한 커프스 단추를 착용하는 것도 괜찮은 아이디어다.
- 프레젠테이션에 참석하기 전에 몇 가지 질문을 준비하라. Q&A 시간에 그 중 한 가지를 반드시 질문하라. 사람들은 나중에 그 질문에 대해 더 이야기를 나누기 위해 당신에게 다가올 것이다. 이제 진지하게 토의할 거리가 있으므로 쓸데없는 잡담을 피할 수 있다.
- 경우에 따라 주최자나 초대자가 되어, 또는 행사에서 참석자를 맞이하는 역할을 맡아 사람들을 찾아다니기보다는 사람들이 당신에게 다가올 수 있도록 해보라.

❋ 좀더 이야기를 나누고 싶은
　　사람이 되는 비법

　줄리 길버트는 자신을 '매우 외향적인 사람'이라고 표현한다. 이제 외향적인 그녀가 헬스클럽에서 인맥을 구축한 이야기를 들어보자. 그녀가 네트워크를 구축하는 방식에서 내성적인 우리는 무엇을 배울 수 있을지, 그리고 우리의 일상에 어떻게 적용할 수 있을지를 생각해볼 수 있을 것이다. "일부러 미니애폴리스에 있는 최고급 헬스클럽에 등록했어요. 거기에 가면 다른 회사의 대표나 부사장의 바로 옆자리에서 러닝머신을 뛸 수 있기 때문이죠. 생각했던 대로 역기를 들거나 러닝머신에 올라가다가 자연스럽게 말을 건네면서 그들을 알게 되었고, 우리는 커뮤니티를 구축하게 되었습니다."

　특별한 비법일 따로 있는 것일까? 그녀는 이렇게 말한다. "정말 간단해요. 그냥 쳐다보고 살짝 웃으면서 '오늘 어떠세요? 잘 되세요?' 하고 말하면 됩니다. 그렇게 인사를 건네면 첫날은 '네, 좋아요' 하고 자리를 뜨죠. 둘째 날 다시 인사를 건네면 '좋아요'라고 말하며 지나갈 것입니다. 셋째 날이 되면 그 사람은 당신에게 말을 하기 시작할 것입니다. 매일 같은 장소에서 만나면서 친숙함과 신뢰가 쌓인 것이죠. 당신이 대화를 나눌 만한 자리를 만든다면 그 사람도 함께 대화에 참여할 것입니다. 그런데 만약 당신이 단숨에 너무 많이 진도를 나가서, 그들에게 어떻게 세계평화를 이룰 수 있을까 하는 어마어마한 질문을 던진다면 당신을 좀 이상한 사람으로 생각할 수 있으니 주의하세요."

엘리베이터 스피치

당신이 어떤 사람을 처음 만났다고 하자. "자기소개를 해보세요"라고 얘기했을 때, 어떤 대답을 원하는가? 로봇처럼 딱딱하게 "저는 시스템 분석가입니다"라고 말하는 유형?, 10분 동안 횡설수설 긴 대답을 늘어놓는 유형?, 간결하지만 좀더 그에 대해 알고 싶게 만드는 대답을 하는 유형?

  '엘리베이터 스피치'를 제대로 하는 사람이 바로 이 세 번째 유형이다. 이 개념은 우리가 늘상 사용하는 엘리베이터만큼이나 새로운 것이 아니지만, 핵심은 명쾌하다. 바로 엘리베이터에 머무는 30초~1분 동안 당신의 메시지를 분명하게 전달한다는 것이다. 일단 상대방을 대화에 유인하면 좀더 이야기를 할 수도 있고, 서로 관심이 있는데 시간이 없다면 명함을 주고받을 수도 있다. 엠노박디자인의 게리 오슬란드는 이에 대해 "당신의 모습을 보여주고 계속 연결고리를 만들 만한지를 판정받기 위해 딱 1분이 주어지는 것이다"라고 정리하기도 한다.

'트위트피치Twitpitch'라는 멋진 이름은 소셜 툴social tools 전문가인 스토우 보이드Stowe Boyd의 발명품으로, 종래의 엘리베이터 스피치에서 한 걸음 더 나아간 것이다. 이는 모든 커뮤니케이션을 웹이나 휴대전화를 통해서 하고, 140자 정도(20단어)의 인스턴트 메시지로 제한하는 트위터 미니홈피에 맞추어진 형식이다.

보이드는 트위트피치를 '에스컬레이터 피치'라고도 말한다. 10초 정도의 시간 동안, 즉 반대 방향의 에스컬레이터에 탄 사람이 지나가는 그 짧은 시간 동안 말해야 하기 때문이다. 그는 그와 거래하고자 하는 업체들을 위해 만남에 필요한 규칙들을 그의 블로그www.stoweboyd.com에 규정해놓았다. 그는 단 1초도 헛되이 보내지 않으려는 것이다!

최근에 〈스미스 매거진SMITH Magazine〉에서 내놓은 빠른 커뮤니케이션에 대한 아이디어도 인상적이다. '트위트피치'나 우리가 '스미스피치'라고 부르는 재미있는 훈련의 핵심은 결국 당신의 메시지를 두세 문장으로 축약해서 말하라는 것이다. 《우연히 만들어진 브랜드Accidental Branding》의 저자 데이비드 빈자무리가 자신의 책에서 조언하듯이, "어떻게 하면 조금이라도 당신을 독특하고, 두드러지게 표현할 것인지 고민해봐야 한다."

그런데 아무리 간단하고 함축적인 엘리베이터 스피치라도 듣는 사람에게 적절한 이야기여야만 효과가 있다. 그러므로 출발점이 되는 표준 문안을 하나 정도 만들어서, 이야기하는 상대에 따라 계속 수정하는 것이 좋다. 예를 들어 컨설턴트라는 직업에 익숙하지 않은 사람들에게 나는 내 직업이 컨설턴트라고 바로 이야기하지 않는다. 대신 실제로 내가 하는 일에 대해 이야기해준다.

내 엘리베이터 스피치의 표준 문안 가운데 하나를 예로 들면 이렇다. "나는 당신의 최상의 모습을 비추어주는 거울이자, 당신의 깊은 지성을 알리는 홍보 담당자이고, 당신이 조용히 빛나는 별이 되도록 도와주는 항해사입니다." 일단 상대방의 관심을 끌면 한마디 더 덧붙일 수 있다. 조용한 성격의 사람들이 좀더 자신감을 가지고 자신을 홍보할 수 있도록 돕는 일을 하고 있다고 말이다.

단순한 것을 좋아하는 사람에게는 뒷부분만 얘기할 수도 있다. 보다 창의적인 사람에게는 이렇게 말할 수도 있을 것이다. "나는 눈에 띄지 않는 사람들을 주목받는 사람들로 만들어냅니다. 마술을 부리지 않고서도……." 그쯤에서 누군가 반응을 보이거나 내게 질문을 해주면 좋을 것이다. 아쉽게도 그게 아닐 경우에는 내 일에 대해서 조금 이야기를 덧붙이거나, 주스를 한 잔 더 따라온다.

때때로 나는 직업 관련 컨설턴트라고 말하기도 한다. 그렇게 해야 내가 하는 일이 무엇인지 더 잘 표현할 수 있고, 인생 상담 컨설턴트와 내 일을 구별할 수 있기 때문이다. 또 다른 컨설턴트에게 이야기를 하는 경우에는 그냥 비즈니스 커뮤니케이션 컨설턴트라고 하기도 한다. 다른 사람들과 얘기할 때 멍하니 쳐다보는 자기 모습을 환기시켜 줄 테니 말이다. 상대방이 내가 무슨 말을 하고 있는지 알지 못하는 경우, 나는 '내성적인 사람'이라는 단어를 사용하지 않는다. 모든 것은 듣는 사람이 누구인가에 따라 다르기 때문이다.

 당신의 엘리베이터 스피치 만들기

이제 당신 차례다. 당신을 특별하게 만드는 것이 무엇인지(또는 당신의 가장 강력한 지지자가 뭐라고 얘기할지) 고려하여 엘리베이터 스피치 초안을 작성하라. 기발하고 재미있게 만들어서 잘 보관해두었다가 믿을 만한 동료에게 보여주고, 당신이 누구인지 노래해줄 수 있을 때까지 그것을 다듬고 또 다듬어라.
아래의 각 질문에 대한 간단한 대답을 써보자. 구체적일수록 당신의 엘리베이터 스피치도 한결 흥미로워진다는 것을 명심하라.

- 당신이 하는 일은?
- 당신의 접근 방식은 다른 이와 어떤 차이가 있는가? 어떤 문제들을 해결하는가. 그리고 누구를 위한 것인가?
- 그 밖에 미래의 고용주, 고객, 당신의 네트워크 안에 있는 사람들이 당신에 대해 더 알고 싶은 내용은 무엇인가? 잘 모르겠다면 내성적인 당신의 장기인 자료 조사를 시작하라.

이제 당신의 대답들을 조합해서 설득력 있으면서도 강렬한 문장으로 편집하라. 원하는 형태가 나올 때까지 점토조각을 떼어내듯이 수정하라. 당신의 엘리베이터 스피치를 큰 소리로 말해보라. 음성 녹음을 하거나 음성 메시지를 남겨 들어보도록 하라. 친구들과 동료들 앞에서도 연습해보라.
당신의 메시지 내용은 이제 시작일 뿐이다. 누구에게 이야기하느냐에 따라 당연히 그에 맞게 조정해야 할 것이다. 당신의 고객을 분석하여 그들에게 당신의 메시지가 무슨 상관이 있을지를 주목해야 한다. 마지막으로 당신의 개성을 좀더 보여주기 위해 유머와 창의력을 적절히 발휘하라.

네트워킹을 위해 보내는 시간

당신은 오늘 네트워킹을 위해 시간을 어떻게 사용했는가. 다음 표 '주당 네트워킹에 사용하는 시간'을 살펴보자. '실제로는'이라고 되어 있는 왼쪽에 있는 원에서부터 시작해보자.

주당 네트워킹에 사용하는 시간

실제로는	이상적으로는
네트워킹을 위해 일주일에 ___ 시간을 사용한다.	나는 네트워킹을 위해 이상적으로, 일주일에 ___ 시간을 사용할 수 있다.
◯	◯

- 직업적인 목표를 지원하기 위해 보통 일주일에 몇 시간(또는 몇 분) 정도 네트워킹에 시간을 투자하는지 적어라.
- 원을 피자처럼 조각내어 비례에 따라 나누어진 각 부분에 네트워킹 활동을 써라.(예를 들면 옛 동료에게 전화나 이메일 또는 블로그로 다시 연락하기, 채용 담당자와 고용주에게 무작정 전화해보기, 앞서 한 일에 대한 후속 처리, 학회에 참석하기, 신문에 기사가 난 사람들에게 글쓰기, 전문가 단체 회의에 참석하기, 사교 모임에 가기 등)
- 원의 각 조각에 들어간 활동을 하나씩 적고, 그 활동과 관련해서 보통 일주일에 어느 정도의 시간을 투자하는지 써라. 당신이 네트워킹에 시간을 어떻게 쓰고 있는지에 대한 이 짤막한 현황을 보면 아마 놀랄 것이다. 우리같이 내성적인 사람들은 대개 활동이 극히 제한적이니까.

'이상적으로는' 이라고 이름 붙여진 원으로 옮겨가기 전에, 내성적인 당신이 네트워킹을 하기 위해 실질적으로 투자할 수 있는 시간이 얼마나 되는지를 결정해야 한다. 말하기 전에 생각하는 것을 좋아하고, 사회적인 만남 사이사이에 조용히 혼자 있는 시간이 필요하다는 것도 고려하라. 예를 들어 직장에서 하루 종일 사람들과 부대낀 후, 지나치게 부담이 되지 않는 선에서 네트워킹 활동을 하려면 어느 정도의 시간을 책정할 수 있을까?

이제 이상적인 원 위에 실현 가능한 네트워킹 시간을 적어 넣어라. 실제의 원에서 했던 세 가지 과정을 이번엔 이상적인 원 위에 적용해보는 것이다. 내 고객 중 한 명은 아는 사람에게 정보를 구하기 위한 만남을 요청하는 이메일을 쓰는 것도 네트워킹 시간에 포함시킬 수 있는지 물어본 적이 있다. 물론 그것도 포함이 된다.

행동 단계

현재 네트워킹을 위해 시간을 어떻게 할애하고 있는지, 어떻게 하면 이상적으로 시간을 다시 배분할 수 있을지를 고민해보자. 그런 다음 아래 공간에 네트워킹을 위한 노력으로 추가할 세 가지 활동의 목록을 쓰고, 각각의 기한을 정하라. 활동은 되도록 구체적이고 명확히 하고, 가능한 한 수치화하여 나타내라.(예를 들어 "이번 달에는 네트워크 모임에서 적어도 다섯 명의 새로운 사람에게 말을 걸어야겠다. 서로 잘 통한다고 생각되고 좋은 느낌을 받은 사람들에게는 24시간 안에 이메일을 보내자.")

네트워킹을 위한 활동 개시

활동	기한
1.	
2.	
3.	

당신이 작성한 내용을 살펴보라. 이 과제를 마치면서 어떤 점을 알게 되었는가? 내 고객들의 이야기를 하자면, 그들은 실제로 적당한 양의 시간을 네트워킹에 사용하고 있었다. 그들이 병행하고 있는 많은 일들과 한정된 에너지를 고려해볼 때 말이다. 하지만 친구나 동료들보다는 고객이나 지위가 높은 사람과 만나기 위한 모임에 더 많은 시간을 할애하는 쪽으로 시간을 재분배한다면, 좀더 도움이 될 것 같았다.

당신은 어떤가? 내 고객들과 마찬가지라면 당신에게도 필요한 조언일 것이다.

❋ 최고의 모습을 상상하라

내성적인 사람이 가지고 있는 많은 장점들을 발휘하면 정보를 구하기 위한 만남이나 관계 구축을 위한 간단한 만남을 통해 강력한 네트워크를 만들 수 있다. 그리고 다양한 조직과 업계에 몸담고 있는 내부자의 견해를 효율적으로 전달함으로써 당신의 네트워크를 기하급수적으로 키울 수도 있다.

정보를 구하기 위한 만남은 당신에게 새로운 문을 열어줄 수 있다. 내성적인 사람은 많은 사람이 모이는 것보다는 일대일로 만나는 것을 선호하기 때문에 정보를 구하기 위한 만남 같은 것이 특히 잘 맞을 수 있다. 단체에 대해서 조사를 하거나, 만날 사람에 대해서 미리 인터넷으로 검색을 하는 방식으로 만남을 준비할 수 있을 것이다. 만나는 동안에는 상대방의 얘기를 주의 깊게 듣고, 당신의 전문적인 지식을 기꺼이 나누어주라. 만나고 난 다음에는 정성들여 쓴 감사편지나 이메일을 보내는 것도 잊지 말자.

정보를 구하기 위한 만남을 요청하기 위해 누군가에게 접근할 때, 당신이 아는 사람이—편의상 안드레 벤슨이라고 하자—아래 세 가지 중 한 가지 방식으로 당신을 소개한다면 일은 아주 쉬워진다.

- 가장 간단한 방법은 허락을 받고 당신이 아는 사람의 이름을 소개 이메일에 언급하는 것이다. 예를 들면 "안드레 벤슨의 추천으로 연락을 드립니다."
- 다음은 더 수고스럽지만 대개의 경우 좀더 효과가 있는 방법이다. 벤슨에게 당신을 소개하는 이메일을 보내달라고 부탁하면서 당신도 참조메일을 받아볼 수 있도록 하는 것이다. 이것은 새로 연락하는 상대방으로부터 주목을 받을 수 있는 방법이면서 벤슨이 당신을 보증한다는 증거가 되기도 한다.
- 마지막 방법은 벤슨에게 직접 당신을 소개해달라고 부탁하는 것이다. 세 명이 모두 참석하는 모임을 활용할 수도 있지만, 가장 좋은 것은 당신을 소개하기 위한 별도의 자리를 마련하는 것이다.

당신이 이메일을 보내 접촉할 사람과 개인적으로 연결시킬 사람이 없는 경우에도 접근 방법은 비슷하다. 어떻게 상대방의 이름을 알게 되었는지를 말하고(예를 들면 전문지, 블로그, 동창회 조직, 또는 직장의 승진 발표 등을 통해) 그 외 요청사항은 똑같이 하면 된다. 다만 결과는 좀 다를 것이다.

서로 공통적으로 아는 사람의 이름을 언급하거나 대학이나 사회에서 같은 단체에 소속되어 있을 경우, 회신받을 가능성이 훨씬 높은 것은 부정할 수 없다. 그렇다 해도 수동적으로 답장을 기다리지만 말고, 전화를 다시 걸어보라. 일단 만나기로 했다면 먼저 이메일로 질문 내용을 보내라. 내성적인 당신에게 쓰는 것은 말하는 것보다 반가운 일이 아니던가. 당신이 진지하게 접근하고 있다는 느낌과 함께 상대방의 시간에 대해서도 소중하게 생각하고 있다는 인상을 줄 것이다. 질문은 몇 문장 정도로 간결하게 하라.

이메일을 보낼 때 주의사항 한 가지 더! 쉽게 당신을 알아볼 수 있는 업무용 이메일 주소를 사용하라.(귀엽거나 애매한 이메일 주소는 피하는 것이 좋다. 이모티콘도 사용하지 않는 것이 좋다.) 업무용 이메일의 끝에는 이름을 정확하게 쓰고, 직위, 연락처를 반드시 포함시켜야 한다. 내가 받은 비즈니스 이메일 중에는 끝에 단지 '신디'라는 이름만 적은 이메일이 얼마나 많은지 모른다. 그녀는 내 학생들 중에 한 명일 수도 있고, 옛 동료일 수도 있고, 각종 모임에서 만난 그 누군가일 수도 있다. 혹은 스팸메일일 수도 있고.

정보 제공을 위한 만남을 가진 이후에는 감사편지를 보내라. 대부분의 경우에는 질이 좋은 종이에 직접 쓰는 것이 좋지만, 이메일이 더 괜찮은 경우도 있다. 상대가 하이테크 회사에 다니거나 위치가 너무 멀리 떨어져 있는 경우(편지로는 며칠 걸리는 경우)에는 말이다.

모르는 사람과 처음 만날 때

누군가와 네트워크 구축을 위한 만남을 가질 때는 목소리 상태부터 자세, 악수, 옷 선택까지 모두 중요하다. 몇 가지 간단한 도움말과 주의사항을 참고하라.

- 눈을 마주 본다. 조사 결과에 의하면 "직접 눈을 바라보며 마주 대하는 자세가 효과적인 커뮤니케이션을 위한 기본 원칙으로 나타났다." 눈을 맞추는 것을 피하려는 사람들은 대체로 수줍음이 많거나, 심리적으로 불안을 느끼거나, 내성적인 경향이 있다. 만약 당신이 그렇다면 사람들에게 이야기할 때 눈을 똑바로 바라보는 연습을 하라. 사회적 혹은 문화적인 이유로 그게 너무 힘들다면 대화 상대방의 이마나 눈썹을 쳐다보는 것으로 비슷한 효과를 기대할 수 있다.
- 멀리까지 들리도록 크게 말하라. 목소리 톤은 다양하게 하되, 자연스럽게 말해야 한다. 좀더 강력하게 이야기할 필요가 있다면 발성 또는 프레젠테이션 훈련을 받는 것도 권할 만하다.
- 항상 자세에 신경을 써야 한다. 바른 자세로 앉거나 서되, 너무 뻣뻣해 보이지 않도록 주의하라.
- 손을 꼭 잡고 악수를 하되, 으스러지지(또는 너무 맥없이) 않도록 하라.
- 마치 '투데이쇼' 출연자라도 되는 것처럼 멋지게 차려 입고 자

신을 다듬어라.
- 약간의 긴장이 필요하다. 손을 어떻게 둘지 유의하고, 특히 꼼지락거리면서 부산스럽게 움직이지 않도록 하라.
- 믿을 만한 사람, 또는 세련되고 전문적으로 보이는 사람에게 당신이 어떻게 보이는지 피드백을 요청하라.
- '있는 그대로의 나를 보여주는 것만큼 좋은 것이 없다'라는 말이 있다. 무슨 뜻인가? 겸손하고, 솔직하게, 그러면서도 상대방에 초점을 맞추어 행동하라는 것이다. 최고의 나의 모습을 상상해보라.

때로는 네트워크 모임에서 기분을 상하는 경우도 있다. "어떤 사람은 칵테일 파티에 가면 유명한 사람들만 쳐다보고 있는 경우가 있어요." 세계 정책 위원회 이사인 미셸 워커Michele Wucker의 말이다. "물론 누구랑 이야기를 나눌지는 알고 있어야겠죠. 하지만 이런 사람들은 지금 얘기를 하고 있는 사람보다 더 중요한 누군가를 발견하게 되면 대화 도중에 말을 멈춘답니다."

당신은 그러지 않기를 바란다. 성공적인 네트워킹의 비결은 당신과 함께 있는 사람들을 존중하는 것이다. 사람들은 당신이 한 얘기는 기억하지 못할지라도, 당신이 그들을 어떻게 대우했는지는 확실히 기억하기 때문이다.

CHAPTER 5

내성적인 사람이 프레젠테이션에 더 강하다

우리같이 내성적인 사람들은 주로 생각과 상상이라는 개인적인 공간에 머물러 있는 경우가 많지만, 의외로 바깥세상에서도 잘 통하는 장점을 지니고 있는 사람들도 많다. 그들은 연구를 하거나 깊이 생각하는 것만큼이나 혼자서 연단에 올라 이야기를 하는 데 발군의 기량을 보인다. 철저히 고객의 입장에서 생각한다든지, 언어 선택을 신중하게 한다든지 하는 식으로 말이다. 이 장에서는 당신이 동료들에게 비공식적인 프레젠테이션을 할 때나 컨퍼런스에서 연설을 할 때, 당신만의 독특한 장점을 어떻게 활용할 것인지를 알아볼 것이다.

❋ 사람들 앞에서 말을 하는 것이 두려운가

사전 준비 없이 프레젠테이션을 하는 것은 내성적인 사람에게는 저예산 공포영화의 주인공이 되는 것과 같은 일이다. 사나운 바람이 분다. 당신은 커다란 블랙홀 가장자리에 서 있고, 머리가 여러 개 달린 괴물이 구덩이 아래서 당신을 향해 촉수를 휘두르고 있다. 눈앞이 캄캄하고, 목소리는 기어들어가고, 당신의 모국어가 창문 밖으로 날아갔듯이 당신의 존재는 그림자로 사라진다. 괴물은 당신이 입을 열 때마다 눈알을 부라리고, 오디오 시스템은 당신을 향해 으르렁거리고, 보라색 불길은 당신의 발을 핥는다.

좋다. 당신이 그 정도로 생생하게 상상하지는 않는다고 하자. 하지만 사람들 앞에서 말하는 것이 몹시 떨리고 겁나는 일이라는 사실은 달라지지 않는다. 사실 '프레젠테이션'이나 '공연'이라는 말만 들어도 우리같이 내성적인 사람들은 본능적으로 공포를 느낀다. 우리는 천성적으로 생각을 정리할 수 있는 조용한 시간과 그것들에 대해 함께 이야기를 나눌 조용한 사람들을 좋아하는 유형이다. 무엇보다 혼자 있는 순간을 가장 좋아하지 않는가?

그러나 우리네 인생은 좋아하는 것만 하며 살 수 있게 허락되어 있지 않다. 어떤 순간에는 아무리 두려워도 해야만 하는 것들이 있다. 자, 당신이 편안한 무대 뒤에서 걸어나와 머리에 모자를 쓰고 사람들 앞에 나가 성공적으로 쇼를 진행할 수 있는 방법은 무엇일까?

워렌 버핏에게 묻다

먼저 '오마하의 현인'이라 불리는 워렌 버핏에게 이에 대한 생각을 들어보자. 내성적인 성향이 있는 버핏은 대중연설의 공포를 어떻게 극복해냈을까? "고등학교 무렵만 해도 사람들 앞에서 이야기하는 것이 굉장히 두려웠습니다. 프레젠테이션을 해야 하는 과목은 일부러 피했습니다. 사람들 앞에서 말할 생각만 하면 머리가 지끈지끈 아파왔으니까요."

생각다 못해 그는 대중강연 코스로 유명한 회사에 찾아갔다고 한다. "콜롬비아 대학 학생일 때 데일 카네기 과정에 등록을 했습니다. 나는 그들에게 수표로 100달러를 건넸는데, 내 방으로 돌아와서는 결국 지불을 정지시키고 말았지요. 참 용감하죠? 얼마 후 오마하에 돌아가서 다시 그 회사에 등록을 했습니다. 이번에는 현금으로 100달러를 가지고 갔죠. 나는 사람들 앞에서 이름조차 말하기 힘들어하는 30명의 사람들과 한 그룹이 되었습니다."

과정을 다 마치고 나서 버핏은 오마하 대학에서 투자 과정을 가르치겠다고 제안했다고 한다. "쓰기나 말하기로 커뮤니케이션하는 능력은 둘 다 엄청나게 중요합니다. 그런데 대부분의 학교들은 그것이 너무 간단하다고 생각하고 가르치지 않습니다. 때문에 당신이 사람들과 커뮤니케이션하는 데 능하다면 그것은 굉장한 강점입니다." 투자에서부터 에탄올 가격에 이르기까지 거의 모든 것에 대해 사전 준비 없이 능수능란하게 이야기하는 워렌 버핏 같은 사람도 이러한 반전 드라마가 있었다는 사실에 좀 위안이 되지 않는가?

지금부터는 내성적인 당신이 동료들 앞에서 비공식적인 프레젠테이션을 하든 컨퍼런스에서 연설을 하든, 당신만의 독특한 장점을 어떻게 활용할 것인지를 배울 것이다. 대중연설이나 프레젠테이션 기술을 향상시키기 위해 무엇을 알아야 하는지는 다음 세 가지 측면에서 살펴볼 것이다. 준비하는 법, 메시지를 전달하는 법, 공격받았을 때 대처하는 법이 그것이다. 부족한 점에 초점을 맞추기보다는 다시 한번 당신의 장점을 강화시키는 데 주력할 것이다.

기본 원칙을 배우기 위해 프레젠테이션에 대한 책들을 좀더 섭렵하는 방법도 있겠지만, 이 장이 끝날 때쯤에는 배운 것을 과감히 실행에 옮겨보기를 바란다. 실제로 말해보는 것 외에 다른 비결이 따로 없기 때문이다. 물론 이 책에는 내성적인 사람들에게 초점을 맞춘 조언들이 많지만, 당신이 내향성과 외향성의 어느 지점에 있든 당신의 프레젠테이션 기술을 향상시키는 데 도움이 될 기법도 적지 않을 것이다.

높은 사람들 앞에서 평상심을 유지하는 법

내 고객 중 한 명은 비영리단체의 중간 관리자로 일하고 있다. 그의 주요 업무는 정기적으로 이사회에 프레젠테이션을 하는 것이다. 그런데 스스로를 내성적인 사람이라 인식하는 그는 보통 때는 매우 분명히, 열정적으로 자신을 표현하다가도 높은 사람들 앞에만 서면 알 수 없는 두려움에 사로잡히곤 한다.

우리는 역할극과 분석, 그리고 모의 프레젠테이션 녹화를 통해 그를 도울 수 있는 방법을 찾았다. 그는 스스로를 교수라고 생각할 때 가장 자신 있는 모습을 보여주었다. 그는 또한 지식과 생각을 나누는 것을 좋아한다. 실제로 그는 조직심리학 박사과정을 밟기 위해 학교로 돌아갈 계획을 하고 있고, 궁극적으로는 대학에서 강의를 하고 싶어 한다. 교수라고 생각하고 회의에 참가할 때 그는 말이든 행동이든 훨씬 더 권위 있게 발표를 하는 모습을 보였다.

높은 사람 앞에서 평상심을 잃지 않기 위한 또 하나의 전략이 있다. 사람들과의 상호작용을 일종의 게임으로 여기는 것이다. 다시 말해 깊이 생각하는 능력과 꼼꼼하게 조사하는 특유의 능력을 발휘하여 어떤 암묵적인 규칙을 찾아내고, 그 장애물 뛰어넘기에서 비롯되는 즐거움을 발견해내는 것이다.

❋ 초조함을 어떻게 극복할 것인가

어떤 이는 대중 앞에서 연설해야 하는 공포가 죽음의 공포보다도 크다고 한다. 죽는 건 딱 한 번이지만, 사는 동안 프레젠테이션을 해야 하는 일은 수없이 많으니 말이다. 어떻게 하면 대중연설이나 프레젠테이션의 두려움을 줄이고, 나아가 즐기면서 할 수 있을까?

내성적인 사람이나 외향적인 사람 모두 프레젠테이션을 힘들어하는 건 사실이지만, 우리같이 내성적인 사람들의 경우에는 특히 어려움을 겪기도 한다. 내성적인 사람들은 자신에게 관심이 집중되는 것, 그리고 즉흥적으로 이야기해야 하는 것을 극도로 싫어하고, 프레젠테이션이 예정되어 있으면 대개 기진맥진할 때까지 준비를 하도록 스스로를 다그치게 되기 때문이다.

대그룹보다는 소그룹, 또는 한 사람과 같이 있는 것을 더 좋아하는 성향이 있기 때문에, 사실 사람들로 가득 찬 객석 앞에서 지휘자 노릇을 한다는 것은 생각만 해도 주눅이 드는 일이다. 우리는 천성적으로 에너지를 밖으로 잘 표현하지 못하는 편이지만, 에너지가 있어야 사람들은 더 집중하고 흥미를 가질 수 있다. 그렇다면 이런 에너지들은 어디서 얻을 수 있을까?

외향적인 사람들은 방 안에 있는 사람들이 뿜어내는 따뜻한 온기로부터 에너지를 공급받을 준비가 되어 있지만, 내성적인 사람은 그보다는 자신의 내면적인 세계로부터 연료를 공급받는다. 물론 때로는 관객 중 한 사람과의 관계에서 에너지를 얻기도 한다. "누군가 내게 흥미 있는 질문을 하고, 내가 그 질문에 흥미로운 대답으로 화답하면, 그 방 전체가 그 분위기를 따라가는 경험을 종종 하게 됩니다." 리더십 트레이닝 매니저인 앤 하울의 말이다.

이제 본격적으로 세부적인 전술로 들어가기 전에 프레젠테이션을 침착하게, 잘 통제하는 능력을 길러주는 내면적인 활동들을 탐구해 보자.

명상의 힘

어떤 이들을 보면 살랑살랑 산들바람이 부는 어느 날 야자나무 그늘 아래서 태어난 사람처럼, 언제나 흔들림이 없고 편안해 보인다. 애석하지만 나는 그런 부류가 아니다. 매우 예민하고 내성적인 나로서는 깜빡이는 라이트와 쉴 새 없이 울려대는 경적소리, 그리고 정신없이 서둘러대는 뉴욕 시민들 한가운데 살면서 제대로 나의 능력을 발휘하기 위해 날마다 나를 진정시켜야 한다.

이때 내 안의 야자나무 그늘을 찾기 위해 잠깐 명상을 하는 것보다 더 좋은 방법이 있을까? 아니, 자기 PR에 관해 이야기하고 있는 이 책에서 갑자기 웬 명상? 그러나 켄터키 대학에서 실시한 조사에 의하면 명상은 마음의 긴장을 풀고 진정하는 데 효과적일 뿐 아니라, 성과를 증진시키는 효과적인 방법이라고 한다.

나는 마라톤를 비롯해서 여러 가지 운동을 해보았지만, 마음속에서는 여전히 무언가가 점핑빈(멕시코산 등대풀과의 식물 씨앗. 씨앗 속에 작은 벌레가 생기면서 그것이 움직이는 대로 씨앗이 뛰어다니는 것처럼 보인다 하여 이런 이름이 붙었다)처럼 콩닥콩닥 뛰었다. 그러다가 명상을 알게 되었는데, 명상은 과연 마음을 가라앉히고 정신을 가다듬는 데 많은 도움이 되었다. 내성적인 나로서는 이 혼자 하는 수행이 특별히 더 잘 맞았고, 네트워킹, 세일즈, 협상을 할 때나 대중 앞에서의 연설을 준비할 때 더할 나위 없이 유용했으며, 일상의 스트레스를 조절할 때도 요긴했다.

나의 고객인 해리 사무엘도 명상 예찬론자이다. 그는 수십억 달러의 자산 관리를 하는 포트폴리오 매니저이다. 현재 미국에서 상위 10위 안에 드는 경영대학원에서 강의를 하고 있는 사무엘은 지난 10년간 명상을 실천해왔다. 그는 명상의 장점에 대해 이렇게 말한다. "프레젠테이션을 하든 대화를 하든, 내가 100% 집중해서 완전히 몰두하면 어떤 상황이 벌어져도 다 받아들일 수 있습니다. 깊은 연대감과 내면 깊은 곳에서 우러나오는 자발성을 느낄 수 있죠. 삶에 있어서 지극히 새로운, 그리고 최고의 순간에 있게 되는 것입니다. 발표를 할 때도 누가 집중하여 에너지를 주고 있는지, 청중들의 분위기는 어떠한지 세심하게 알 수 있습니다. 명상은, 당신이 완전히 마음을 가다듬지 못했을 때에 비해 그 순간의 경험을 훨씬 더 즐기게 해줄 것입니다."

사무엘은 '마음 명상mindfulness meditation'을 한다. 호흡에 집중해서 마음을 조용히 내려놓는 것이다. "상념들이 계속해서 생겨났다 사라지지만, 그것들에 그렇게 집착하지 않습니다. 그런 과정을 거치면서 마음은 점차 안정이 되고 고요한 곳으로 깊숙히 들어갑니다. 마음 명상은 내 인생을 가장 크게 바꿔놓은 수련이었습니다."

명상은 이렇게 당신의 삶에 행복을 가져다주고, 대중 앞에서의 연설을 포함해 수많은 일상의 스트레스를 다스릴 준비를 시켜주는 귀중한 도구가 될 수 있다. 빈센트 수파Vincent Suppa가 지적했듯이 말이다. "내성적인 당신은 이미 안으로 향하는 성향을 가지고 있습니다. 그러므로 이런 기질과 싸우기보다는 그것을 당신의 장점으로 활용하세요. 가장 오래된 준비 방식인 '명상'을 통해서 말이죠."

동남 아시아에서 수도승으로 수련을 했던 수파는 외국어에 능통하고, 국제적인 대기업의 인적자원 담당 이사로 일하고 있는 '성공한' 인물이다. 그리고 이 모든 것은 그가 명상과 시각화를 통해 이미 상상한 것들이었다. 수파는 또한 이렇게 덧붙였다. "마음 명상에 대한 한 가지 대안은 생각의 끝을 잡고 명상하는 것입니다. 비즈니스 세계의 많은 사람들에게 널리 통하는 방법인데, 실제로 연설이나 프레젠테이션을 하기에 앞서 성공적으로 프레젠테이션을 하는 모습을 마음속에 그려보는 것입니다. 마음은 반체제 시위자와는 다릅니다. 명상을 통해서 이미 프레젠테이션에 성공한 모습을 그려봤다면, 성공을 위해 조절할 수 있는 외부적 요소가 어떤 부분인지를 찾아 실제로 잘 되도록 조정할 것입니다."

우리 모두가 명상의 달인이 될 필요까지야 없다. 그럼에도 작으나마 실행에 옮겨보면 마음속에 당신만의 야자나무 그늘을 찾고, 마침내 원하는 성과를 이룰 수 있을 것이다.

❋ 프레젠테이션의 뼈대 만들기

어린 시절, 나의 아버지는 메트로폴리탄 오페라하우스 소속의 의사였다. 때문에 나는 당시 유명 여가수들을 눈앞에서 만나보는 흥분과 기쁨을 누렸을 뿐만 아니라, 〈라보엠〉에 엑스트라로 출연하는 행운도 얻었다. 내가 맡은 역할은 '큐' 사인이 나면 무대를 가로질러 걸어가는 것이었다. 그리고 오케스트라가 연주를 시작하고 대형 커튼이 올라가면, 멋진 의상을 입은 가수들이 노래를 했다.

그런데 누더기를 걸친 다른 아이는 이미 무대를 가로질러 갔건만, 나는 어쩌다가 '큐' 사인을 놓친 적도 있었다. 당황한 나머지 나는 방향감각을 잃어버리고 그 큰 무대를 혼자 허둥지둥 걸어가야 했다. 어른이 된 지금 생각해보면, 그때 나는 더 철저히 준비를 했어야 했던 것이 아닐까 싶다.

이 에피소드를 당신과 당신의 프레젠테이션에 적용하여 생각한다면 어떠한가? 혹시라도 생각이 안 날 경우를 대비해서 연설노트를 준비하는 것부터 큰 소리로 연습하고 사전에 미리 장소를 확인해두는 과정을 거치면 최선의 프레젠테이션을 할 수 있는 상태로 현장에 도착할 수 있지 않을까?

완벽한 프레젠테이션을 위한 어떤 공식 같은 것이 있는 것은 아니다. 그러나 당신은 내가 제안하는 것들을 살펴보면서 당신에게 맞는 방법을 찾을 수 있을 것이다. 분명한 것은 당신이 자연스러울수록 청중에게 더 가까이 다가갈 수 있고, 듣는 이들 또한 더 편안해진다는 것이다.

당신 또한 예민한 사람들과 대화를 나누다가 마음이 더 불안해진 적이 있을 것이다. 중요한 것은 충분히 휴식을 취하고 마음을 진정시키는 일이다. 현장에서 좀더 편안하게 적응하여 당신이 전달하고자 하는 메시지에 집중하려면 말이다. 일단 익숙해지면 지금 이 순간 엄청나고 무시무시한 프레젠테이션을 하고 있다는 느낌은 점차 사라질 것이다. 바야흐로 청중들은 매혹적인 영화를 볼 때처럼 당신의 이야기에 점점 더 빠져들고, 화면과 좌석, 비상구 등은 서서히 배경으로 사라질 것이다.

청중에 대한 분석

공적인 컨퍼런스에서의 연설, 직장에서의 비공식적인 회의 등 다양한 유형의 프레젠테이션을 준비하는 데 도움이 되는 기본 틀을 만들기 위해 무엇이 필요한가. 우선 다음 질문들을 점검해보자. 이 전략적인 핵심 요소들에 대한 구상만 잘 하면, 나머지는 훨씬 쉽게 풀어나갈 수 있을 것이다.

- **목표** 프레젠테이션의 목표(또는 요점)는 무엇인가? 정보를 주기 위한 것인가, 인지도를 높이기 위한 것인가, 설득을 위한 것인가, 영감을 주기 위한 것인가, 판매를 위한 것인가, 사람들에게 행동을 촉구하기 위한 것인가, 관계를 구축하기 위한 것인가, 주목도를 높이기 위한 것인가.
- **핵심 메시지** 사람들이 당신의 프레젠테이션에서 얻어가길 바라는 내용을 한 문장의 메시지로 표현해보라. 청중 가운데 한 사람이 그 자리에 참석하지 않은 동료에게 그가 들은 바를 짧게 전달한다고 상상해보자. 과연 뭐라고 말을 할까?
- **관련성** 당신의 이야기를 듣는 청중의 입장이 되어야 한다. 그들의 관점에서 스스로에게 다시 이런 질문을 던져보라. "그래서 나한테 돌아오는 게 뭔데?"
- **행동** 당신의 프레젠테이션을 들은 청중이 어떤 행동을 취하길 바라는가?

이와 함께 사전에 청중에 대해 가능하면 많은 것을 알아낼 필요가 있다. 허스트 매거진의 캐시 블랙은 최근에 세 학교의 졸업식에서 연설을 했다고 한다. 각각의 연설을 준비하면서 그녀는 무슨 이야기를 할지 고민하며 몇 시간씩 작업을 했다. 졸업반 학생들에게 학교에 대한 좋은 느낌을 남기게 해주고 싶었기 때문이다. 이렇게 비교적 간단해 보이는 것도 성의 있는 준비가 필요한 법이다.

당신의 청중은 어떤 사람들인가? 어떤 공통점을 가지고 있는가? 문화적 배경은 어떠한가? 그들의 라이프스타일과 그들이 선호하는 것들에 대해 알고 있는가? 무슨 이유로 당신의 프레젠테이션을 들으러 왔는가? 선택해서 온 것인가? 당신과 안면이 있는 소그룹인가? 아니면 온통 낯선 이들인가? 분위기는 어떠한가? 명랑한가, 다정한가, 의심이 많은가, 우울한가? 하루 종일 힘들게 일한 후에 피곤한 상태인가? 아니면 해변가에서 하루 휴식을 취하고 난 다음날인가? 보너스 받기 직전인가? 아니면 정리해고 발표 직후인가?

청중에 대해 잘 알수록 좀더 관련성 있고, 알맞고, 시의 적절하게 메시지를 조정하고 논조를 맞출 수 있을 것이다.

파워포인트보다 중요한 것

청중이 집중하는 시간은 길지 않다. 핵심 메시지가 명확하지 않다면, 당신의 메시지들을 모두 다시 살펴서 날릴 것은 날려버린 다음 기억할 만한 내용으로 다듬어야 한다. 초고를 쓸 때는 좀 양이 많아도 괜찮다. 대신 스스로 만족스러울 때까지 간결하면서도 강력하게, 메시지를 다듬고 또 다듬어라.

이번에는 내가 제일 싫어하는 파워포인트에 대한 얘기를 해보자. 파워포인트를 전적으로 반대하는 것은 아니지만, 발표자가 모든 내용을 일일이 슬라이드로 만들어서 보여줌으로써 그것 자체에 압도당하거나 멍하니 쳐다보고만 있도록 하는 것에 대해서는 반대할 수밖에 없다. 물론 발표자가 시각자료(파워포인트이든 다른 것이든)로 제공하는 정보를 잠깐씩 보며 몇 가지 유용한 지식을 전달하고, 다시 주제에 집중하는 것 정도는 괜찮다.

"파워포인트는 악마다"라는 에세이를 쓴 바 있는 예일대학의 에드워드 터프트Edward Tufte는 이렇게 지적했다. "결론은 간단합니다. 파워포인트는 잘 만들어진 슬라이드 운용자이자 프로젝터입니다. 그런데 프레젠테이션을 보충하는 정도가 아니라 그것을 대체해왔다는 것이 문제였죠. 그런 식의 잘못된 사용이 '청중에 대한 존중'이라는 연설의 가장 중요한 원칙을 소홀히 다뤄지게 한 것입니다."

광고 및 마케팅 커뮤니케이션 회사인 덴츠 아메리카의 대표 도그 피도튼Doug Fidoten의 지적도 비슷하다. "파워포인트 프레젠테이션은 위험합니다. 내성적인 사람들에게는 더 치명적일 수 있습니다. 왜냐하면 글씨가 많을수록 내용을 생동감 있게 설명하는 대신, 거기에 있는 말들을 읽기에 급급해지기 때문입니다. 당연히 지루해집니다. 이런 폐해를 되풀이하지 않으려면 되도록 적은 단어를 사용해야 합니다. 한 페이지에 거의 아무 단어도 없을 정도로 말이죠. 비주얼 이미지만 사용하는 것은 괜찮습니다. 그렇게 하면 준비된 자료를 읽는 대신 흥미로운 이야기에 접어들 수 있으니까요."

조금 다른 견해를 내놓는 사람도 있다. 내 고객 중에는 투자은행의 기술 부문 부사장이 있는데, 그는 파워포인트를 사용하는 것이 그곳 특유의 조직문화라고 말한다. "파워포인트 덱을 가지고 회의에 참석하면 훨씬 수월하죠. 참석자들에게 집중할 무언가를 제공하기 때문입니다. 화려하게 꾸밀 필요는 없고, 말할 거리에 대한 제목 정도만 있으면 충분합니다. 그것들은 내 프레젠테이션을 더 구체적으로 만들어 줍니다."

글쎄……, 나 역시 10년이 넘게 기업에 몸담으면서 페이지마다 수많은 글씨체와 색깔, 동영상 클립아트로 빽빽하게 채워진 파워포인트 프레젠테이션을 수없이 봐왔다. 설상가상으로 연설자가 파워포인트를 사용하면 조명은 조금 어두워진다. 빠르게 프레젠테이션이 진행되는 동안 어느새 내 눈꺼풀은 무겁게 아래로 내려앉고 만다. 나도 모르게 고개를 떨구며 졸지 않으려고 안간힘을 쓴 적이 한두 번이 아니다. 당신의 청중이 이렇게 되도록 놔두고 싶은가?

모름지기 프레젠테이션은 간결하고도 인상적이어야 한다. 유용한 정보를 제공하고, 사고를 자극하고, 그들이 뭔가 더 원하도록 여지를 남기고 떠나야 하는 것이다.

대부분의 사람들은 프레젠테이션을 준비하면서 자료를 만드는 데 대부분의 시간을 보내는 것이 보통이다. 아무런 목표도 없이 적어도 90% 이상의 시간을 자료를 만드는 데 매달려 있는 것이다. 실제 프레젠테이션을 할 때 어떤 자세로, 어떻게 말할지에 대한 연습은 아예 제쳐두고 말이다. 정말 말도 안 되는 소리가 아닌가.

 마틴 루터 킹 목사의 명연설을 생각해보라. 만일 그가 연단에 구부정하게 서서 자신의 노트만 쳐다보면서, 단조로운 목소리로 웅얼거리며 "I Have a Dream"을 얘기했다면 결과는 어떻게 되었을까? 사람들의 마음을 사로잡았던 그의 명연설과 얼마나 다른 결과를 가져왔을까?

🌸 리허설이 더 중요하다

성공적이고 인상적인 프레젠테이션을 위해 무엇을 더하고, 무엇을 덜 해야 할까? 얼마나 오랫동안 준비를 해야 할까?

당신에게 프레젠테이션을 준비하기 위한 시간이 2주 가량 있다고 하자. 그 중 어느 정도의 시간을 자료 조사하는 데 사용할 것인가? 청중을 파악하는 데는? 다른 사람으로부터 필요한 정보를 수집하는 데는? 프레젠테이션 원고를 작성하는 데는? 차트를 만드는 데는? 리허설 하는 데는 또 얼마의 시간을 투자할 것인가?(이 부분을 절대 무시하지 마시라!)

언제까지 모든 준비를 마칠 것인가? 당신은 일주일 정도 안에 모든 준비를 마치는 스타일인가? 아니면 마지막 순간까지 일을 남겨놓는 스타일인가? 직장에서 시급한 업무부터 챙기다 보니 최종 리허설에서야 문제를 발견했다면, 이런 긴박한 상황에 어떻게 대처할 것인가?

메시지는 어떻게 전달할 것인가. 신선하고 산뜻하게 만들되, 비언어적 의사소통 도구와 당신의 메시지가 조화를 이루어야 한다. 실제로 나는 고객들에게 무성영화처럼 말하지 않고 프레젠테이션을 연습해보라고 주문하곤 한다. 한 번 시도해보라. 어떻게 제스처를 취해야 할지, 그 공간에서 어떻게 움직여야 할지, 그리고 당신이 준비한 시각자료와 어떻게 잘 연결되도록 할지 등에 대해 목적의식이 생기게 될 것이다.

철저한 사전 준비

운전할 때 늘 네비게이션이 필요하지는 않듯이, 강연 노트도 프레젠테이션을 하는 동안 사용하지 않게 될 수도 있다. 그것은 프레젠테이션에 집중하도록 도와주고, 계획한 대로 말하고 행동하도록 상기시키는 역할 정도만 할 수도 있다. 그래도 거기에는 핵심 사항과 무대연출 등의 내용이 포함되어 있기 때문에, 당신이 다소 긴장하더라도 길을 잃지 않고 가고자 한 곳으로 도달할 수 있게 해줄 것이다. 외워서 말하는 것을 선호한다면 자연스럽게 말하도록 신경을 써야 할 것이다. 강연 노트를 사용하고자 한다면 다음 사항들을 고려하라.

- 색인카드나 편지지 크기의 종이를 사용하라. 색인카드를 사용한다면 떨어뜨리거나 섞일 우려가 없도록 낱장으로 가지고 다니지

말고 스프링으로 묶어 세트로 만드는 것이 좋다. 편지지 크기의 형태를 선호한다면 스테이플러로 페이지를 고정하여 위로부터 반 페이지까지만 글을 쓰기 바란다. 그렇지 않으면 자꾸 아래쪽을 보게 되어 청중과 눈높이를 맞출 수 없다.

- **글씨를 크게 써라.** 나는 보통 36포인트 사이즈로 쓰고 양 옆에 여백도 두 배 가까이 넓게 둔다. 왜 그렇게 크게 쓰는 것을 좋아하냐고? 연설을 할 때는 메시지에 집중하는 것뿐만 아니라 청중의 반응에도 주의를 기울여야 한다. 10포인트로 한 페이지 가득 채워진 글씨를 보면서는 청중을 살피면서 진행할 여유가 없다. 흡사 운전하는 것과 비슷하다. 내 앞에 무슨 일이 벌어지고 있는지 한순간도 눈을 떼지 않는 것이 기본 아닌가.

- **중요한 지문을 메모해두라.** 무대의 다른 쪽으로 가야 할 때를 상기하려면 "차트 쪽으로 가라"와 같은 지문을 적어 넣어라. 다른 누군가에게(사전에 섭외해놓은 사람) 화이트보드에 써달라고 부탁하고 싶은 때는 "필기를 부탁하라"는 메모를 적어 놓는다. 이 외에도 내 강연 노트에는 숨 쉬는 것을 상기시키는 메모도 포함되어 있다.

- **무대 위에서의 시간 관리에 대비하라.** 청중 앞에서의 프레젠테이션은 아마 연습 때보다 시간이 더 오래 걸릴 것이다. 우주를 걷고 있는 우주비행사를 상상해보라. 시간에 대한 감각이나 당신이 파악해야 하는 많은 것들이 평소와 달리 압축되거나 왜곡되어 보일지 모른다. 모든 내용을 정해진 시간 안에 소화할 수 있

도록 강연 노트에 '큐' 신호를 줄 시간을 표시하라.(예를 들면, 9:00 논의할 내용에 대한 소개와 개요, 9:15 첫 번째 주요 안건, 9:30 두 번째 주요 안건, 9:45 요약 및 결론, 10:00 Q&A)

- **손으로 써도 좋다.** 나는 주로 내 강연 노트를 프린터로 출력한 후 추가할 내용을 가장자리 여백에 적어 넣는다.
- **강조할 사항만 적어라.** 대체로 말하고자 하는 모든 내용을 다 쓰기보다는 요약사항을 쓰는 것이 정석이다. 강연 노트를 토시 하나 안 틀리고 그대로 읽으면서 청중의 관심을 사로잡을 수 있는 방법은 거의 없다.
- **칼라 형광펜을 활용하라.** 강조해야 할 주요 내용을 상기시키는 데 의외로 도움이 될 것이다.
- **현장에서 해야 할 일의 리스트를 만들어라.** 강연 노트 첫 장에 연설 장소에 도착하자마자 해야 할 모든 일을 적어 놓아라. 장비 테스트, 강연장 세팅(예를 들어, 대화형의 프레젠테이션을 위해 의자를 반원대형으로 이동시키기), 그리고 자리에 유인물 배부하기(혹은 회의실 맨 앞에 놓기) 등이 있다.
- **가지고 갈 준비물을 모두 적어라.** 가방에 챙길 항목들을 체크하라. 기침이 나올 때에 대비해서 포장지 없는 작고 딱딱한 사탕류, 손수건, 여벌옷(입고 간 옷이 구겨지거나, 음식에 얼룩지는 경우를 대비하여), 제공되지 않을 수가 있으므로 물 한 병, 여분의 펜. 이렇게 많은 아이템을 질질 끌고 다닌다는 게 지나치다고 생각될지 모르겠으나, 이것들이 필요한 상황이 닥치면 가슴을 쓸어

내리며 감사하게 될 것이다.

- 강연 노트의 앞뒤 커버는 눈에 띄는 색으로 하라. 눈에 잘 띄도록 해야 하얀 종이들 사이에서도 쉽게 찾아낼 수 있고, 다른 것들과 뒤섞여 잃어버리는 일이 없다.

- 반드시 백업을 받아 놓도록! 행사 운영자뿐만 아니라 당신 스스로도 이메일에 강연 노트와 프레젠테이션 슬라이드를 복사해 놓는 것이 좋다. 또한 USB에도 따로 저장해서 가지고 가는 것이 안전하다. 여분의 복사본을 출력하여 원본과 따로 보관해두는 것도 괜찮다.

- 노트북을 텔레프롬터로 활용하라. 덴츠 아메리카의 도그 피도튼은 디지털 시대에 맞게 이런 대안을 제시하기도 한다. "뒤에 있는 스크린에 빔 프로젝트를 쏴서 프레젠테이션을 하는 경우, 당신 앞에 노트북을 놓으세요. 그러면 뒤에 있는 스크린을 쳐다볼 필요 없이 바로 앞의 텔레프롬터(원고 내용을 컴퓨터에 수록한 후 필요할 때 원하는 순서대로 원하는 속도와 형태로 모니터에 디스플레이할 수 있는 장치)를 보면서 속도를 조정할 수 있으니까요. 당신이 프레젠테이션 도중 길을 잃거나 뭔가가 끔찍하게 잘못될 때를 대비한 안전망입니다."

리허설, 이렇게 하라

사전 연습은 당신에 대해서 냉정하게 파악하게 함으로써 향후 현장에서 발생할 수 있는 예기치 않은 변수들에 적절히 대처하게 할 것이다. 도움이 될 만한 몇 가지 사항을 소개하니 참고하라.

- 프레젠테이션을 할 장소의 모든 오디오, 비디오 장비를 점검하라. 그냥 당신의 거실에서 연습해보는 것과 환한 조명이 비추는 중역회의실 연단에 서서 프레젠테이션을 할 때의 느낌이 얼마나 다른지 직접 느껴보라. 현장에서 연습하는 것이 불가능하다면 적어도 프레젠테이션하기 전에 미리 방문하여 좌석 배치, 수용 가능 인원, 음향기기, 기타 기술 장비 등을 점검해봐야 한다.
- 큰소리로 연습하라. 손동작과 제스처, 그리고 시각자료 등을 활용하여 메시지를 제대로 전달하는 연습을 하라.
- 거울 앞에서 연습하라. 좀 어색하더라도 전신거울 앞에 서서 얼굴 표정과 손동작, 그리고 다른 제스처들을 면밀히 살펴라. 그래야 실전에서 무엇을 어떻게 해야 할지 정확하게 파악할 수 있다.
- 연습 장면을 녹화하라. 당신이 연설할 때 어떻게 보이는지를 체크하고, 프레젠테이션의 외양적 측면을 개선할 수 있는 방안을 연구하라. 거울 앞에 서서 연습을 하고 녹화를 하여 보는 것이 어색하고 두렵게 느껴질 수도 있다. 내 자신에 대해서 더 예민하게 바라보게 될 테니까. 하지만 나의 많은 고객들과 학생들은 이 두 가지 방법이 매우 유용하다고 평가하였다. 일단 처음의 불편함만 극복하면 구체적인 증거를 통해 동기 부여를 해나갈 수 있기 때문이다.
- 믿을 만한 동료, 멘토, 또는 컨설턴트에게 평가해달라고 부탁하라. 그들을 초대해서 연습에 대한 비판적 평가를 받아보는 것이 좋다. 처음엔 당신이 한 것을 제대로 보강하는 쪽으로, 그 다음엔 건설적인 조언을 덧붙여달라고 부탁하라. 특정한 부분에 초점을 맞추어 비평할 수 있도록 당신이 집중적으로 관심을 기울이는 부분을 지정해주는 것도 좋다.(예를 들면 시선 맞추기, 손동작, 목소리 톤, "음~", "어~", "그~"와 같이 필요 없는 말 사용하지 않기)
- 즉흥적으로 말하는 연습을 해보라. 덴츠 아메리카의 도그 피도튼은 젊은

시절의 연설 경험을 통해 리허설에 대한 새로운 접근법을 제시하였다. "방에 서서 말을 하기 시작하는 겁니다. 더듬거리거나 다음에 무슨 말을 할지 모를 때까지 최대한 오랫동안 말하는 연습을 했죠. 잘될 때까지 다시, 또 다시 시작했어요. 처음부터 끝까지 마칠 수 있을 때까지 수없이 반복하면서 내가 말하고자 하는 바가 무엇인지 제대로 정리를 해야 비로소 마음이 편안해졌습니다. 처음에 운을 뗄 몇 마디 말들을 머릿속으로 떠올리고 있다 하더라도 직접 그렇게 해봐야 확신이 생겼습니다. 이제는 더 이상 그럴 필요까지는 없습니다. 지금은 말머리 표나 그림들, 그리고 어떻게 얘기할까 정도만 생각해놓고 해도 무방하죠."

- 실전처럼 옷을 갖춰 입고 연습하라. 머리에서 발끝까지 프레젠테이션할 때 입을 복장으로 모두 바꿔 입어라. 이 과정을 건너뛰면 불편한 일이 벌어질 수도 있다. 새로 산 신발이 바닥 위를 걸을 때마다 또각또각 소리를 낸다는 사실, 옷이 너무 꽉 끼어서 팔을 자유롭게 움직이기 힘들다는 사실을 미처 모를 수도 있다.
- 현장을 점검하라. 현장에서 연습을 해보며, 어디에 서서 어떻게 움직일 것인지를 결정하라.
- 프레젠테이션을 하는 동안 불편사항을 처리해줄 사람을 지정해두라. 잘못하여 불편한 일들이 발생했을 때 책임지고 처리해줄 사람이 필요하다. 시청각 장비에 작은 문제가 발생했을 때, 혹은 실내 온도가 너무 더울 때 이를 해결해줄 사람을 섭외해놓아야 한다.

어떤 이는 너무 지나친 연습은 오히려 성과를 떨어뜨릴 수 있다고 주장하기도 한다. 그러므로 어느 정도의 연습이 당신에게 최상의 결과를 가져다줄지 가늠해볼 필요가 있을 것이다.

✤ 프레젠테이션을 시작하기 5초 전

프레젠테이션 준비는 다 됐고, 현장 점검도 끝났다. 이제 무대에 오르기 직전이다. 어떻게 마음을 다스릴 수 있을까?

자신감을 끌어올리고, 정신을 바짝 차리기 위한 방법은 사람마다 다양하다. 어떤 사람은 산책과 같은 신체활동을 하고, 요가나 명상, 또는 마음을 편안하게 하는 음악을 듣는 것으로 안정을 취하기도 한다. 허스트 매거진의 캐시 블랙은 "평소의 당신답게 말할 때 좋은 연설은 훌륭한 연설로 거듭납니다"라고 했다. 훌륭한 연설은 평온한 상태에서 당신의 마음으로부터 우러나오는 말을 할 때 비로소 가능한 것이다.

프레젠테이션을 시작하기 직전, 다음 사항들을 기억하길 바란다.

● 강연 노트에 처음에 던질 몇 마디를 적어 놓아라. "대중 앞에서의

연설은 나를 얼음처럼 얼어붙게 합니다." MBTI 재단의 후견인인 캐더린 마이어는 이렇게 고백한 바 있다. "APT~Association for Psychological Type~(심리 유형협회)라는 단체의 대표로 있을 때, 나는 말문이 막힐까봐 두려워 언제나 처음에 던질 몇 마디를 적어가지고 다녔어요."

좋은 대안이 있다. 내 고객들이 털어놓은 얘긴데, 그들은 프레젠테이션의 처음 몇 줄은 아예 암기를 해가지고 간다고 한다. 마이어는 또 이렇게 덧붙였다. "훌륭한 연설가가 될 수는 없더라도 내가 말하고 있는 것에 대한 확신이 있다면 괜찮은 연설을 할 수 있으리라 생각했습니다. 그렇게 가급적 더 편안하게 생각하고 나답게 행동하려고 노력했죠. 하지만 만일 그 시절이 다시 온다면, 발성이나 대중연설에 대한 트레이닝을 받아보고 싶습니다."

- 가장 좋은 결과를 떠올려라. 가장 좋은 결과가 있었던 프레젠테이션을 떠올리고 그 느낌을 계속 유지하라.
- 당신만의 독특한 강점을 생각하라. 연설을 시작하기 전에 자신에 대한 긍정적인 메시지를 되새기면 도움이 될 것이다.
- 말을 시작하기 전에 두세 번 깊은 호흡을 하라. 긴장을 하면 숨 쉬는 것조차 잊어버릴 때가 종종 있다. 물론 숨을 쉬고 있기야 하겠지만, 약하고 두려운 호흡으로 제대로 된 소리를 낼 수 있겠는가?

무대 위에 올라가면 미처 연단에 다 도착하기도 전에 말을 시작하는 사람들이 의외로 많다. 서두르지 말고, 천천히 하라. 무대를 가로

질러 걸어가서 연단 위에 노트를 올려놓고 자세를 잡은 다음, 한숨 돌리고 시작해도 늦지 않다. 당신에겐 그 시간이 어마어마하게 길게 느껴지겠지만, 그 순간을 견디고 그렇게 하는 것이 당신을 살리는 길이다.

당신이 마침내 말을 시작할 때까지 사람들은 자세를 바로하고 앉아 당신에게 주의를 기울일 것이다. 만일 무대를 걸어가면서 말을 한다면 청중을 바라보지 않게 되므로, 당신의 메시지도 제대로 전달할 수가 없다. 걱정마라. 준비가 될 때까지 사람들은 기다려 줄 것이다.

🌸 메시지를 온전히 전달하는 법

연설을 시작하기도 전에 당신은 이미 많은 말을 하고 있다. 당신이 청중을 쳐다보는 방식, 몸짓, 제스처, 그리고 목소리가 전달하는 음량 등을 통해서 말이다.

지금부터는 당신이 메시지를 전달하기 이전에, 도중에, 그리고 그 이후까지 말이 아닌 행동으로 자신을 표현할 때 기억해야 할 중요한 내용들을 정리해볼 것이다. 물론 눈을 똑바로 쳐다보는 것을 금기시하는 문화권도 있고, 또 간결하게 말하면 성의가 없다고 눈살을 찌푸리는 문화권이 있기도 하다. 당신과 청중에게 맞는 유용한 사항들을 찾아 적용해보라.

시선을 주고받는 것

놀랍지 않은가. 우리 몸의 그 작은 부분을 통해서 얼마나 많은 교감이 일어나는지……. 청중 가운데 한 명의 눈을 바라보면서 몇 초간 어깨를 쭉 펴보라. 당신이 그렇게 하면 그녀의(혹은 그의) 어깨도 따라 움직일 것이다. 거의 대부분의 사람들이 처음에는 이것을 자연스럽게 구사하지 못한다. 하지만 이러한 기술은 청중과 소통하는 능력에 있어 커다란 차이를 가져온다. 때문에 연습이 필요하다.

　방에서 혼자 연습할 때는 한 구절씩 말할 때마다 당신이 쳐다볼 사람들을 대신하여 의자를 응시해보라. 회의나 친구들과의 모임 같은 일상 생활에서도 이러한 기술을 연습할 수 있다. 눈을 쳐다보는 것이 너무 부담된다면 이마나 눈썹을 쳐다보는 것으로 비슷한 효과를 거둘 수 있다. 조명 때문에 청중을 잘 볼 수 없다면, 한 번에 한 명과 시선을 주고받는 것처럼 청중을 응시하는 것만으로도 효과가 있을 것이다.

　다음에 프레젠테이션에 참석하게 되면 발표자가 청중과 시선을 맞추고 있는지, 아니면 대강 회의실 전체를 훑어보고 있는지 살펴보라. 발표자의 시선 맞추기가 당신에게 어떤 영향을 미치는가?

손짓으로 강조한다

평상시 대화할 때 손을 사용한다면 발표할 때도 손을 사용하도록 하

라. 자연스럽고 표현력이 풍부해 보일 것이다. 개방적인 제스처를 취하라. 마치 청중을 껴안듯이 손을 몸에서 떼어 허리 윗부분에서 바깥쪽으로 향하도록 하라. 꼼지락거리거나, 옷을 만지작거리거나, 주머니에 손을 넣거나, 연단이나 다른 물건에 팔을 기대는 행동은 피하라.

연단에 대해 한마디 하자면 이렇다. 선택할 수 있다면 연단 없이 연설하는 것을 고려해보라. 그것이 여의치 않다면 시작할 때는 연단을 사용하더라도 나중엔 공간이 허락하는 한 최대한 청중에게 가까이 다가가길 권한다. 노트를 놓을 안정적인 자리가 있어야 편안하다고 생각할지 모르겠지만, 대부분의 경우 연단이 있으면 당신의 몸과 손동작을 청중이 잘 볼 수 없어 프레젠테이션이 정적이고 딱딱하게 느껴진다.

당신의 주장을 강조하기 위해서는 적절한 제스처가 필요하다. 하지만 오케스트라의 지휘자처럼 보여서는 안 된다. 슬라이드를 앞으로 조정하기 위한 리모컨을 가지고 있다면, 한 손에 안정적으로 잡는 것이 좋다.

존경하는 연설가의 비디오를 보고, 손짓을 어떻게 하는 것이 가장 보기 좋은지 판단해보라. 그리고 거울 앞에서 연습하면서 손을 어떻게 해야 가장 자연스럽게 말을 보완하거나 적절하게 끊어줄 수 있을지 연구해보라. 물론 많은 청중 앞에서 직접 이야기할 때와 TV 인터뷰를 위해 작은 공간에서 카메라를 보고 얘기할 때의 제스처는 달라야 할 것이다.

목적을 가지고 움직여라

우리가 우리나라를 대표하는 차세대 톱모델이 될 필요는 없지만, 그렇다 해도 책을 머리 위에 얹고 프레젠테이션 연습을 하는 것은 도움이 된다. 고개를 위로 들고 허리를 쭉 편 채 똑바로 걷는 것이 어떤 느낌인지를 확실히 알게 해준다는 측면에서 말이다.

머리가 천장에 붙어 있는 풍선이라고 생각하고 허리를 길게 쭉 늘려라. 어깨에 힘을 빼라. 긴장하면 어깨가 귀까지 올라가는 경향이 있으니까. 무릎은 부드럽게 풀어서 다리가 뻣뻣해지지 않도록 하고, 턱에 긴장을 풀어라.

두 발은 주먹 두 개가 들어갈 정도의 넓이로 벌리고, 똑바로 서도록 하라. 한쪽 다리에 무게 중심을 두는 습관이 있다면 안전하게 한 발을 살짝 앞으로 두는 것이 좋다. 전신거울에 자신을 비추어 보라. 어떤 점을 고쳐야 할까? 만일 숨을 멈추고 있다면 긴장을 풀고 숨을 크게 들이마신 다음, 걱정과 함께 밖으로 '휴우~' 하고 내뱉어라.

발표자가 무대 위에서 왔다갔다 하거나 한 발에서 다른 발로 무게 중심을 자꾸 바꾸면 청중은 정신이 산란해진다. 그러므로 말에 맞추어 동작을 하고 그렇게 할 이유가 있을 때만 움직이는 것이 좋다. 프레젠테이션을 하는 내내 꼼짝도 하지 않고 한 곳에만 나무처럼 서있는 것도 피해야 한다. 무대 위에서 움직이는 것이 부자연스럽다면, 몸짓 언어로 자신을 표현하는 것에 자신감을 가질 수 있도록 댄스 교습을 받는 것도 좋은 방법이다.

목소리가 좋지 않아도…

내가 평생에 걸쳐 연구해야 할 주제가 여기 또 하나 있다. "내성적인 사람들은 상대적으로 더 천천히, 조용하게 이야기하는 경향이 있습니다. 그 결과로 내가 뭔가 이야기를 했는데도 아무도 듣지 않거나, 반응을 보이지 않는다고 느끼는 경우가 있지요. 그럴 때는 보이지 않는 존재가 된 기분이 듭니다." 캐더린 마이어의 말이다.

타고난 목소리를 가진 사람이 아니라면, 강의를 듣거나 개인 교습을 받거나 하여 목소리를 향상시키는 방안을 생각해볼 수 있을 것이다. 만일 말을 더듬는다든지 혀 짧은 소리가 난다든지 하는 더 심각한 문제가 있다면 언어치료사에게 상담을 받아보는 것도 좋다.

"조금은 강한 어조로 말하는 법을 배우세요. 그렇지 않으면 당신의 아이디어는 무시당하기 쉽습니다. 그건 절망스러운 일이지요." 허스트 매거진의 캐시 블랙은 이렇게 말하며 녹음기에 대고 말하는 연습을 할 것을 추천했다. "녹음을 하면 목소리가 아주 다르게 들립니다. 들어보면 '어머, 내 목소리가 이렇게 생쥐처럼 들리는 줄은 몰랐네!' 하고 생각할 수도 있어요."

당신이 감탄할 만한 목소리를 가진 사람을 떠올려보라. 그녀의(혹은 그의) 목소리의 어떤 부분이 당신에게 매력적으로 들리는가? 당신의 목소리에서 개선하고 싶은 것이 있다면 어떤 부분인가? 목소리와 관련한 몇 가지 유의 사항을 다시 한 번 상기해보자.

- 크게 말하라.
- 말투, 리듬, 때로는 볼륨까지 변화를 줘라.
- 긴장하면 목소리가 높아질 수 있다. 자연스러운 어조로 이야기 하라.
- 똑똑히 발음하라.
- 중요한 부분은 강조하기 위해 힘주어 말하라.
- 얼굴 표정을 비롯한 몸동작이 목소리와 어울리도록 하라.
- 사소한 말실수는 무시하고 계속 진행하라. 중요한 부분인 경우에는 침착하고 부드럽게 잘못 말한 부분을 바로잡으면 된다.

❋ 위기에 대처하는 능력

준비가 다 됐다. 눈을 사로잡는 시각자료와 강렬한 문장들이 완성되었고, 파워포인트 슬라이드는 간결하면서도 다이내믹하다. 이제 드디어 보여줄 시간이다!

그런데 당신을 위기에 빠뜨릴 두 가지 위험요소가 있다. 첫 번째는 당신 내부의 문제다. 손이 떨린다든지, 입이 마른다든지, 다리가 후들후들 떨린다든지……. 두 번째는 외부적인 문제이다. 마이크가 고장이 난다든지, 컴퓨터가 바이러스에 감염된다든지, 맨 앞줄에 앉은 사람이 휴대전화를 확인하면서 사탕껍질을 까는 소리를 낸다든지……. 그 모든 문제에 당신이 동요하지 않고 프레젠테이션에 집중할 수 있는 방법은 무엇인가.

내부세계 관리

- 감정 상태는 어떠한가? 당신은 이 일을 즐기고 있는가? 몹시 두려워하고 있는가? 사람들은 당신의 행동과 목소리에서 당신이 떨고 있다는 것을 알아챌 수 있다. 그 일을 즐길 수 있는 방법들을 찾아보자. 당신이 프레젠테이션을 하는 목적을 생각해보라. 아마 다른 사람과 정보를 공유하거나, 사람들을 도와주거나, 사업을 일으키거나 하려는 의도일 것이다. 끔찍할 이유가 없다. 다시 한 번 크게 심호흡하라.
- 엄지와 중지를 붙이고 있어라. 그러면 손이 떨리는 것을 좀 진정시킬 수 있을 것이다.
- 절대 서두르지 말 것! 너무 서둘러 말하지 말라. 단숨에 모든 말을 쏟아내려 하지 말라. 당신의 페이스를 잃지 않고 여유 있게 말할 때 훨씬 자신감 있어 보인다. 물론 말처럼 쉽지는 않겠지만 당신은 할 수 있다.
- 꼼지락거리지 마라. 오로지 연설을 효과적으로 하기 위해서만 몸을 움직여라.
- 몇몇 우호적인 얼굴들과 눈을 마주쳐라. 연설을 하는 동안 자세를 똑바로 하고 한 명씩 돌아가며 몇 초간 눈을 마주쳐라. 사람들이 당신을 어떻게 생각할까보다는 이러한 프레젠테이션의 외형적 측면에 좀더 초점을 맞추도록 하라.
- 물을 마셔라. 물을 마셔야 목이 마르지 않고 프레젠테이션을 하

는 동안 잠깐씩 숨을 돌릴 수 있다.
- **청중들의 비위를 맞추느라고 힘을 빼지 말라.** 당신이 하고 있는 일에 대해 내면으로부터 만족감을 찾아라. 감정은 전염성이 있다. 당신이 진정으로 즐거움과 열의, 그리고 열정을 내뿜는다면 그것은 메아리처럼 울려 퍼져 청중에게 고스란히 전달될 것이다.

외부세계 관리

예기치 않게 뭔가 일이 잘못되더라도 당신이 다시 분위기를 추스려야 한다는 사실을 명심하라. 침착하고 자신감 있게, 유머를 잃지 않고 대처하라. 당신이 불안해 보이면, 청중은 당신을 초등학교 3학년 학급을 돌보는 임시교사 쯤으로 여길 것이다. 예기치 않은 상황을 관리하는 방법들을 소개하니 참고하라.

- **장황한 질문은 적절히 끊어라.** Q&A 시간에 어떤 청중이 일장 연설을 시작한다면, 공손하게 끼어들어 말을 끊어야 한다. "주어진 시간이 많지 않으니, 질문만 간단히 말씀해 주시겠습니까?" 기본적인 원칙을 미리 말하는 것도 좋다. 예를 들면 "앞으로 15분 동안 몇 가지 질문을 받도록 하겠습니다. 질문은 되도록 간결하게 해주십시오. 저와 좀더 이야기를 나누고 싶으시다면 이후 휴식시간을 활용하시기 바랍니다."

- 어려운 질문에도 침착하게 대처하라. 청중이 어려운 질문을 퍼붓는다면 어떻게 할까? 어느 누구도 모든 것을 알 수는 없는 법이다. 어떻게 대답해야 할지 확실히 모르겠다면 솔직하게 얘기하고, 나중에 그 질문에 대해 답해주겠다고 하라. 어떻게 대답할지 생각할 시간이 필요하다면, 그 질문에 대해 짧게 논평하는 것도 방법이다. 흔히 쓰이는 "그것 참 좋은 질문입니다"라는 말은 유사시 생각을 정리하고 시간을 버는 데 유효하다.
- 언제 도움을 요청할지 생각해두라. 앞에 있는 시청각 기기가 제대로 작동하지 않을 때는 우선 마음을 진정하라. 당신이 즉시 문제를 해결할 수 없을 경우에는 도움을 청하라. 이러한 상황에서 당신을 도와줄 사람을 미리 정해놓는 것이 좋다.
- 혹시 뭔가 빠뜨렸더라도 넘어가라. 강연 노트에 적힌 내용 중 한 가지를 빠뜨렸더라도 아주 중요한 사안이 아니라면 그냥 계속 진행하라. 프레젠테이션에 필수적인 내용이라면 하던 대로 계속 진행하다가, 나중에 다시 되돌아가서 그 부분을 언급하면 된다.

자주 묻는 질문 Best 3

프레젠테이션을 어떻게 시작하는 것이 효과적일까?
➡ 처음부터 사람들의 관심을 확 잡아끌어라. 지루한 감사 인사로 시작하는 함정에 빠지지 말라. 아카데미 시상식의 수상 소감을 생각해보라. 꼬리에 꼬리를 물고 사람들의 이름을 나열하는 것이 얼마나 하품 나오는 일인가. 놀랄 만한 통계 수치, 재미있는 뉴스 한 토막, 인상적인 문구 또는 청중과 관련된 일화 등으로 이야기를 시작하라. 농담은 다소 위험부담이 있긴 하지만 때로는 제대로 그 역할을 할 때가 있다. 청중의 관심을 끌 수 있는 질문으로 시작하는 것도 괜찮다.

프레젠테이션을 어떻게 구성할까?
➡ 1)말하고자 하는 바(또는 로드맵)를 이야기하고, 2)핵심 메시지를 전달하고, 3)마지막으로 발표한 내용을 요약한다. 연설자가 번호를 매겨가며 이야기하면 어디쯤 진행되고 있는지를 알 수 있으므로 유용하다. 예를 들면 "경제 상황과 관련하여 세 가지 사항을 이야기하겠습니다. 첫째는, …… 둘째는, …… 마지막으로 셋째는, ……" 이때 주요 메시지를 뒷받침하는 이야기, 통계 수치, 사실 등이 곁들여지면 훨씬 흥미롭다. 일방적인 연설보다는 상호 주고받는 대화형 프레젠테이션이 되도록 세심하게 주의를 기울여라. 물론 연설이 필요한 자리도 있다. 스타일에 맞게, 메시지에 맞게, 청중의 기대에 최대한 부합하도록 프레젠테이션을 구성하라.

어떻게 프레젠테이션을 마치는 것이 효과적일까?
➡ 힘 있고, 느낌 있고, 의미 있게 끝을 맺어라. 강렬하게 대미를 장식하라. 발표한 내용을 요약해서 정리하고, 주고받는 대화형 프레젠테이션이었다면 청중 가운데 몇 명에게 무엇을 얻어 가는지 물어보라. 청중들이 실제로 받아들인 것이 무엇인지를 알게 될 것이다. 어쩌면 그건 당신이 예상치 못한 내용일 수도 있다.

CHAPTER 6

면접의 달인이 된다

흔히 내성적인 사람들이 새로운 일자리를 찾기가 더 힘들 것이라 생각하지만 꼭 그렇지만은 않다. 내성적인 사람이든 외향적인 사람이든 살아오면서 인적 네트워크 개발에 많은 시간을 할애해온 사람이 더 빨리 일자리를 찾을 수 있다. 치밀하고 꼼꼼하게 조사를 하는 당신의 재능을 회사와 면접관에 대해 파악하는 데 십분 활용하라. 깊이 생각하는 능력을 발휘하여 당신의 능력이 조직에 어떤 식으로 이익이 될지 자세히 적어서 분명하게 표현하는 연습을 하라. 그렇게 함으로써 당신은 다른 사람들과 차별화하여 채용 가능성을 높일 수 있다.

❋ 면접에 강한 사람은 따로 있다

인사 담당 팀장을 비롯한 인사팀 관계자들은 당신에 대한 서류심사를 모두 마쳤다. 이제 직접 그들을 만날 차례다. 당신은 어떻게 보여지길 원하는가?

물론 당신은 본래 모습대로 보이고 싶겠지만, 그렇다고 물어보는 질문마다 허공을 응시하거나 골똘히 생각에 잠겨 면접관이 점심생각이 날 지경으로 만들고 싶지는 않을 것이다. 내향성과 예의, 에티켓이 섬세하게 어우러지는 이 춤판에서 이 한 가지는 분명하다. 앞으로 몇 분 또는 몇 시간 동안 당신이 이 면접관과 얼마나 잘 통하느냐에 따라 향후 몇 년의 미래가 결정된다는 것! 앞으로 당신이 사랑하는 사람들보다 이 사람과 더 많은 시간을 보내게 될 수도, 아닐 수도 있는 것이다.

사실 이런 맞선을 보는 식의 접근은 특히 내성적인 사람들에게는 두려운 일이다. 왜? 생각을 실시간으로 표현하는 것은 자신의 페이스에 맞게 조절하여 정교하게 편집된 이메일을 보내는 것보다 훨씬 어려운 일이기 때문이다. 당신은 이제 인터뷰 내내 면접관의 공격적인 질문에 시달리면서 그들에 대해 서서히 파악하게 될 것이다. 하지만 인터뷰를 할 때는 빠르게 반응해야 한다. 한마디 한마디가 당신의 미래에 중대한 영향을 미칠 수 있기 때문이다.

실패하지 않는 인터뷰

지난 몇 년간 일해온 벌집같이 작은 사무실에서 벗어나 이제 좀더 큰 사무실을 차지하고 싶다면, 현재의 직업에 한계를 느끼고 경력을 향상시킬 수 있는 업무에 대해 신중히 생각하고 있다면, 지금은 당신의 인터뷰 기술을 새롭게 업그레이드하기 알맞은 때다. 당신이 프리랜서나 자영업자라 해도 마찬가지이다.

물론 면접은 구직 과정에 있어서 한 단면일 뿐이다. 내성적인 나의 고객과 학생들을 보면 대체로 조직과 산업 전반에 대해 조사하고, 구직을 위한 전략을 짜는 것에는 별 문제가 없다. 그들에게 가장 도움이 필요한 부분은 다름 아닌 그들의 인터뷰 기술을 섬세하게 다듬는 것이다.

구직 면접이란 아주 방대한 분야이지만 여기서는 우리 책의 목표에 맞게 내성적인 사람과 관련된 부분에 주로 초점을 맞출 것이다. 지금부터 여러 분야의 취업 전문가나 고위층 임원들의 조언을 바탕으로 성공적인 면접의 요소에 대해 정리할 것이다. 잘 들어주는 것의 힘과 당신이 기여할 수 있는 부분을 명확하게 표현하는 것, 그리고 열정과 확신을 보여주는 것이 얼마나 중요한지 등에 대해 다룰 것이다.

또한 당신의 고객을 분석하고, 이력서를 잘 다듬는 것을 포함해서 인터뷰를 어떻게 준비할 것인가에 대해서도 알아볼 것이다. 어떤 옷을 입고 무엇을 가져갈 것인지도 검토할 것이고, 당신의 몸짓 언어에 대해 점검할 것이다. 이와 함께 어려운 질문에 대해 대답하는 방법, 면접 이후의 후속조치, 시기적절하게 급여에 대해 협상하는 법에 대해서도 논의할 것이다.

❋ 내성적인 당신의 특별한 무기

불황으로 인해, 혹은 직장에서의 피비린내 나는 권력 게임으로 인해 실직한 사람들(특히 내성적인 사람들)에게 일자리 구하기란 그리 녹록치 않은 일이다. 미국 노동부 통계청에 의하면, 2005~2007년 사이에 사업체를 운영하거나 금융업계에 종사하다 실직한 사람들이 새 직업을 찾는 데 걸리는 시간은 평균 6주였다고 한다.

흔히 내성적인 사람들이 새로운 일자리를 찾기가 더 힘들 것이라 생각하지만 꼭 그렇지만은 않다. 말하자면 내성적인 사람이든 외향적인 사람이든 살아오면서 인적 네트워크 개발에 많은 시간을 할애해온 사람이 더 빨리 일자리를 찾을 수 있다.

1차, 2차, 3차 면접을 거치면서 계속해서 활달하고 외향적인 사람처럼 행동해야 한다는 사실이 끔찍한 당신에게 나는 희망과 격려의 메시지를 보내고 싶다. 비록 시간이 걸리고, 감정적으로 부담이 되고,

심지어 비싼 대가를 치르더라도(하다못해 면접 시험을 위해 옷 한 벌이라도 사야 하니까) 인터뷰를 하는 그 모든 과정은 당신을 적성이나 능력, 살아가는 방식, 그리고 경제적인 목표 등 여러 가지 면에서 더 잘 들어맞는 위치로 이끌어줄 것이다.

당신이 그저 면접 시험에 도전한 것만으로 만족하거나, 면접을 여전히 바람직한 결말을 위해 거쳐야 하는 불편한 통과의례로 여길 수도 있다. 그러나 내성적인 사람이라는 사실은 직업을 찾는 데 전혀 장애물이 되지 않는다. 아니, 여러 가지 면에서 오히려 자산이 된다.

치밀하고 꼼꼼하게 조사를 하는 당신의 재능을 회사와 면접관에 대해 파악하는 데 십분 활용하라. 깊이 생각하는 능력을 발휘하여 당신의 능력이 조직에 어떤 식으로 이익이 될지 자세히 적어서 분명하게 표현하는 연습을 하라. 그렇게 함으로써 당신은 다른 사람들과 차별화하여 채용 가능성을 높일 수 있다.

장애물이 아니라 자산이다

성공적인 면접의 핵심 요소는 무엇인가. 기본적으로 당신이 지원하는 직업과 관련된 전문적인 지식을 알고 있어야 한다. 그래야 가능성 있는 후보로 올라갈 수 있다. 모름지기 사립탐정이라면 사건을 캐는 일에 통달해야 하고, 조류학자라면 새에 대해서 통달해야 한다. 만약 당신이 자기 분야에 대해 지식과 정보가 부족하다면 모자란 점이 무엇인지, 언제 어떻게 차이를 줄여나갈 것인지, 다른 후보들보다 앞서가기 위해 할 수 있는 일이 무엇인지를 찾아내야 한다.

해당 분야의 전문가로서 모든 새로운 뉴스와 정보를 습득하고, 어떤 질문에도 답할 수 있는 '브레인'으로 자신을 포지셔닝하라. 그저 상당한 지식을 갖고 있는 정도로는 부족하다. 절대적인 전문가가 되도록 하라. 지식을 계속해서 얻고, 키우고, 나눠라.

면접에서 효과를 보기 위해 이를 지나치게 과시할 필요는 없다. 하지만 전문 분야에 대한 자신감은 당신에게 유리하게 작용할 것이다. 이와 관련하여 보험 회계사인 마이클 브라운스톤 Michael Brownstone은 "정보와 전문 지식을 공유할 때 자기 비하적인 태도를 취하지 말라"는 조언을 덧붙이기도 한다.

다음 페이지에서는 성공적인 면접을 위해 더 결정적인 요소들을 살펴볼 것이다. 요컨대 1) 진실하라, 2) 열정을 보여라, 3) 경청하라, 4) 좋은 질문을 하라, 5) 당신이 어떤 기여를 할 수 있는지를 설명하라 등이다. 이들은 다름 아닌 성공적인 면접을 위해 우리가 기억해야 할 주문들이다.

❋ 진실하고 열정적으로

웬만한 사람들은 진실한 사람과 허풍을 떠는 사람을 분명히 구별할 수 있다. 당신의 면접관 또한 마찬가지이다. 내용을 정말로 잘 아는 것과 적당히 아는 척 하는 것에는 미묘한 차이가 있기 때문이다.

진실하다는 것은 어떤 느낌인가? 책상에 발을 올리고 기타를 치는 것일까? 뭐 그것도 진실한 당신에 대한 표현이 될 수 있겠지만, 조금 더 깊게 들어가 보자. 당신의 가치에 대해서 솔직하고 진실할 때, 그리고 다른 사람에게 잘 보이려고 에너지를 낭비하지 않을 때, 당신은 어떤 모습인가?

당신이 가장 진실해지는 순간을 생각해보라. 주말에 가족들과 휴식을 취할 때인가? 가까운 친구와 깊은 대화를 나눌 때인가? 당신이 열정적으로 추구하는 목표에 한 걸음 다가갈 때인가? 그 외에 어떤 것들이 있는가?

당신이 가장 진실하지 않은 순간은 언제인가. 고위층 임원들로 가득찬 방에 들어가서 좋은 인상을 남기려고 애쓸 때인가? 직장 회식에서 분위기를 띄울 때인가? 당신이 존경하지 않는 누군가를 청중에게 소개할 때인가? 그 외에 어떤 것들이 더 있는가?

아는 사람이든, 가상의 인물이든 당신이 생각하기에 전형적으로 진실한 사람과 진실하지 않은 사람을 3명씩 떠올려보라. 내가 컨설팅했던 사람들에게 '진실' 하면 떠오르는 사람이 누구인가 물어봤더니, 그들 중 90%는 오프라 윈프리를 언급했다. 그녀는 자신의 프로그램에 출연한 게스트들과 충분히 교감할 줄 알고, 진실하고, 감정에 솔직하다. 그녀는 결코 사기꾼처럼 보이지 않는다. 반면에 진실하지 못한 사람 하면 떠오르는 인물은 만화 〈심슨네 가족The Simpsons〉의 가식적인 캐릭터 트로이 맥클루어였다.

당신이 선택한 사람이나 가상의 인물이 왜 진실한 사람으로, 또는 진실하지 않은 사람으로 선정되었는지에 대해 생각해보라. 이제 이를 당신에게도 적용해보자. 다음 물음에 답해보라.

어떤 것이 당신을 진실하게, 혹은 진실하지 않게 만드는가? 더 진실한 사람이 되기 위해 당신은 어떤 것들을 할 수 있을까? 특히 구직 면접과 같은 고도의 이해관계가 얽힌 상황에서 어떻게 해야 궁극적으로 승리할 수 있을까?

열정은 전염된다

나를 포함해 적지 않은 사람들에게 중학교 시절의 콘셉트는 매사에 관심 없다는 듯 냉담한 태도가 아닐까? 그 나이에는 그럴 법하다며 그저 귀엽게 봐넘길 만한 것이지만, 그런 태도가 나이를 먹고도 계속 남아 있다면 좀 곤란하다. 특히나 구직 면접처럼 스트레스를 받는 상황에서는 빛나는 열정을 보여주어야 하는 순간을 놓쳐버리게 한다.

너무 그 자리에 목을 매는 사람처럼, 지나치게 필사적인 사람처럼 보여지지 않을까 걱정된다고? 그러나 그 조직이나 자리에 대해서 너무 무관심하거나 연연해하지 않는 모습을 보이는 것도 허세가 아닐까? 그렇지 않아도 당신은 내성적이고 개인적이어서 특히 잘 모르는 사람에게 감정을 드러내는 것에 있어서는 더욱 신중한 사람인데 말이다.

열정을 포함한 모든 감정들은 전염된다는 사실을 잊지 말라. 당신이 인사관리자라면 다른 자질이 동등한 경우, 열정적인 후보 A와 냉담하거나 무관심한 느낌의 후보 B 가운데 누구를 택하겠는가?

정말 중요한 것은 무엇인가? "난 이에 대해 단 하나의 단어로 대답할 수 있습니다. 그것은 열정입니다." 언스트 앤 영Ernst & Young의 인사관리자 자넷 리젤Janet Risel의 말이다. "난 후보자들이 우리 회사의 명함이 탐나서가 아니라, 이 일을 정말 열망해서 지원하기를 바랍니다. 준비가 잘 되어 있으며, 동기를 갖고 있는 후보자들은 평범한 질문이나 대답을 하지 않습니다. 그들은 이미 자기가 하고 싶은 일에 대해 조사를 마쳤고, 정말 흥미가 있다는 모습을 보여줍니다."

어떤 일이 꼭 마음에 드는 것은 아니지만 다른 조건들이 괜찮아 고려해보는 경우일 때는 어떻게 할까? 이런 경우는 인터뷰를 할 때 기회를 엿보는 것처럼 행동하기보다는 당신이 진정으로 흥미 있어 하는 부분에 좀더 초점을 맞추는 것이 옳다. 이러한 긍정적인 감정은 열정이 없을 때는 결코 타오를 수 없는 가능성을 이끌어낸다. 그리고 그 가능성은 또 다른 가능성을 가져온다. 이 점을 꼭 명심하라.

✿ 잘 들어야 제대로 말할 수 있다

우리는 모두 자신의 얘기를 들어주길 바라지만, 생각보다 많은 사람들이 말하는 내용의 절반 정도밖에 듣지 않는다. 안타깝게도 이것은 인터뷰의 경우에도 마찬가지이다. 많은 후보자들이 귀 기울여 주의 깊게 듣지 않는다. 인터뷰의 질문을 단지 자신에 대한 장황한 이야기를 늘어놓을 출발점으로 생각하여, 질문과는 전혀 엉뚱한 대답을 내놓기도 한다.

다행히도 우리 내성적인 사람들은 말하기보다는 듣는 능력이 있다. 질문자의 생각을 파악하고 행간의 의미를 읽을 줄 아는 능력 말이다. 이러한 당신의 듣기 능력은 당신을 다른 이들과 분명하게 차별화할 것이다.

"예전에 했던 구직 면접이 생각나네요." 종합 광고대행사인 덴츠 아메리카의 사장 도그 피도튼의 말이다. "여러 명의 임원 면접을 거쳐 최종 면접을 할 때였습니다. 최종 면접에서 내가 만난 임원은 내 이력서를 보고 아무 말도 하지 않았습니다. 다른 사람들이 조심스럽게 침묵을 깨려고 노력했지만, 나는 먼저 아무 말도 하지 않았습니다. 물론 내성적인 성격 탓이기도 했지요. 마침내 임원은 나에게 질문을 했고, 우리는 대화를 시작했습니다.

그 다음날 나는 합격했다는 통보를 받았고, 그 임원이 나를 좋게 보았다는 사실을 알게 되었습니다. 아마 제가 운이 좋은 것인지도 모릅니다. 하지만 나는 그때 '적극적으로 듣는 것'의 의미를 알게 되었죠."

단순히 "예", "아니오"가 아닌 폭넓은 대답을 요구하는 개방적인 질문은 특히 잘 듣는 것과 관련이 있다. 앞서 우리는 사람들과 네트워크를 구축할 때 개방적인 질문을 하는 것의 중요성에 대해서 다룬 바 있다. 요컨대 잘 듣는 능력으로 당신은 면접관에게 더 많은 정보를 끌어낼 수 있을 것이다.

그저 '인터뷰를 당하는' 식이어서는 안 된다. 열심히 고민하고 준비한 흔적을 보여주고, 현재 그 직업과 조직, 산업, 면접관이 직면하고 있는 핵심 문제들을 간파하는 질문을 던져야 한다. 대답으로부터 많은 것을 배울 수 있을 뿐 아니라, 당신의 질문에 대한 면접관의 반응을 살필 수 있다.

어떤 기여를 할 수 있는지 설명하라

말할 것도 없이 당신이 지원하고자 하는 조직에 당신을 소개할 엘리베이터 스피치를 준비하는 것은 필수이다. 당신이 어떤 사람인지에 대한 짧지만 분명한 메시지를 준비하라. 당신이 누구인지, 미래의 고용주에게 당신이 무엇을 제공할지에 대해 단숨에 정리를 해줄 것이다.

이 밖에 다른 필수사항은 무엇이 있을까? 당신이 이전 직장에서 아무리 유능한 사원이었더라도, 아무리 혁혁한 공을 세웠더라도, 이전 회사의 상사들이 한결같이 입이 마르도록 칭찬했다 하더라도 당신은 이 질문에 대답할 필요가 있다. 바로 인사 관리자의 관점에서 던지는 "그래서 나한테 돌아오는 게 뭔데?"라는 질문 말이다.

당신은 과연 그들을 위해 무엇을 할 것인가? 당신이 지원하는 조직을 어떻게 더 발전시킬 것인가? 당신이 어떤 공헌을 할 수 있느냐는 질문에 당황하는 대신, 세련된 대답을 준비해놓았다면 얼마나 든든할 것인가. 다시 한 번 당신의 엘리베이터 스피치를 활용하자. 필요할 때 다시 꺼내보면 당신의 엘리베이터 스피치가 다르게 보이고, 수정해야 할 부분도 눈에 들어올 것이다.

꿈의 직장에서 멋지게 스스로를 소개하는 당신의 모습을 상상해보라. 그곳에는 당신의 생각을 정리할 개인적인 공간도 있고, 당신을 사회에 각인시켜줄 매력적인 프로젝트도 있고, 또 친절하지만 과하지 않은 동료들도 있고, 집까지의 통근거리도 짧고······. 당신을 즐겁게 해주는 것은 얼마든지 있다.

 마침내 당신을 채용하겠다는 제안을 받으려면, 우선 면접관이 가장 관심을 보이는 문제가 당신을 고용함으로써 해결된다고 말할 수 있어야 한다. 확신이 서지 않는다면, 좀더 파고들어라. 조사하고 찾아내는 재능과 더불어 상상력을 발휘해보자. 그 문제가 무엇인지 적어보라. 그리고 당신의 엘리베이터 스피치를 각각의 면접관에 맞게 조정하라.

❋ 준비된 성공

준비되어 있지 않은 면접은 우리 같은 내성적인 사람들에게는 최악의 상황이다. 말하기 전에 충분히 생각을 모으고 정리해야 스스로도 흡족한 말을 할 수 있는 사람들이니 말이다. 다시 말해 사전에 그 회사에 대한 정보를 수집하고 분석하여, 질문이 나올 수 있는 모든 문항들에 대해 만반의 대비를 해야 스스로도 만족스러운 결과를 얻을 수 있다.

나의 경우 면접이 만족스러운 때는 결과에 상관없이 최선을 다했을 때이다. 최선을 다하면 최소한 성취감을 맛볼 수 있기 때문이다. 간혹 미리 내정자가 있는 경우처럼 내 능력 밖의 상황이 발생하더라도, 내가 준비가 잘 되어 있었던 경우에는 대부분 같이 일하자는 제안을 받아왔다. 내가 컨설팅을 해주는 나의 내성적인 고객들도 마찬가지이다.

차가 막힌다거나, 커피가 쏟아졌다거나, 스타킹에 구멍이 났다거나 하는 크고 작은 재난에 대비하여 충분한 시간을 확보해놓는 것도 준비 단계에서 계산에 넣을 일이다.

허스트 매거진의 캐시 블랙은 이에 대해 다음과 같이 조언한다. "15분 전에 현장에 도착해야 합니다. 경비원의 검문으로 생각보다 지체될 수 있으니까요. 건물에 들어가면 우선 화장실에 가서 용모를 점검하세요. 면접 장소에 도착하면 허둥대지 말아야 합니다. 면접 때문에 조금 긴장하는 것은 괜찮습니다. 그러나 5분쯤 늦게 헐레벌떡 도착한다면 신뢰에 금이 갈 수 있습니다. 누가 교통지옥에 갇혀 있건 경비원에게 잡혀 있건 면접관들이 알 바가 아니지요. 명심하세요. 좋은 첫인상을 줄 수 있는 기회는 두 번 있는 게 아니랍니다."

여기에 MIT의 연구결과는 캐시 블랙의 조언을 이렇게 뒷받침해준다. "수십 년에 걸친 사회심리학 조사는 첫인상의 놀라운 힘을 말해줍니다. 교사 평가, 구직자 선발, 재판 결과 예측 등 다양한 문서를 보면, 잠깐 동안의 첫인상에 근거한 판단으로 장차 그에 대한 평가가 어떻게 나올지 충분히 예측할 수 있다는 것입니다."

상대방 분석

준비 과정의 많은 부분은 상대방을 분석하는 데 할애하는 것이 옳다. 면접관, 면접관의 상사, 조직, 그 회사의 조직문화, 경영 구조, 임무 등이 이에 해당될 것이다. 인터뷰 전에 정보를 모아 나름대로 분석함으로써 마치 내부인처럼 능숙하게 대답하는 후보자와 아무런 정보 없이 그 자리에서 즉석으로 대처하는 후보자 사이에는 극명한 차이가 날 수밖에 없다.

가장 먼저 어떤 정보가 필요할지부터 생각해보자. 다음 표를 활용해 면접을 볼 회사의 이해관계자와 조직에 대한 정보를 수집하라. 이미 알고 있는 정보를 적어넣은 후, 추가로 더 파악할 필요가 있는 부분이 무엇인지 점검하라.

면접을 준비할 때 꼭 필요한 것

알아둬야 할 사항	정보의 종류(가입 단체, 교육 정도, 과거 소속기관, 문화적 배경, 취미 등)	정보 제공처(헤드헌터, 고용 담당자, 기관 내 지인, 웹 사이트, 개인 블로그, 미디어 등)	결과
면접관			
면접관의 상사			
그 상사의 상사			
미래 동료들(팀구성원)			
그 외 관계자들			
새로운 직책인가?			
새로운 직책이 아니라면, 전임자 해직의 이유는?			
그 기관의 문화는? (경쟁 구도, 협력도 등)			
임무			
최대 경쟁사는?			
그 기관의 최대 장점은?			
장-단기 목표는 얼마만큼 성취했는가?			
기타			

이 과정을 통해 무엇을 알 수 있는가? 당신은 면접을 앞둔 조직과 그 핵심 인물들에 대한 필요한 정보를 이미 다 알고 있었는가? 정보 수집은 어디까지 진행되었는가? 추가로 필요한 정보는 무엇이고, 언제까지 파악해야 하는가?

어려운 질문에 대답하는 요령

면접관이 어려운 질문을 던지는 경우, 어떻게 대처해야 할까? 이 문제에 대한 각계의 지도자들의 이야기를 들어보자.

먼저 바루치 대학 총장인 카트린 워드론 박사는 시간을 벌라고 조언한다. "생각을 정리할 동안 무난하지만 세련된 언변으로 교묘하게 시간을 벌어야 합니다. 내성적인 사람들은 '어머, 어제 존이랑 그것에 관해 얘기했어요. 정말 재미난 질문이에요' 같은 말들을 꼭 배워야 합니다. 아니면 질문을 반복해서 말한 다음 '제가 질문을 정확히 이해했나요?'라고 물어보는 것도 괜찮습니다. 민망하게 침묵이 이어지는 일 없이 생각할 시간을 벌려면 목소리보다 생각이 빨라야 합니다."

허스트 매거진의 캐시 블랙은 "이렇게 말하면 어떨까요? '이런 질문은 처음인데요. 잠시 생각해보겠습니다. 사려 깊은 답을 드리고 싶거든요.' 이렇게 별 의미 없는 얘기를 하는 동안 머릿속에서는 좀더 나은 답을 준비할 수 있습니다"라고 충고하기도 한다.

때로는 믿음을 주면서도 적절하게 정치적인 수완을 발휘해서 답을 해야 하는 경우도 있다. 예컨대 면접관들이 당신의 실직 기간이나 지난번 직장에서의 당신에 대한 평가, 또는 그 직장을 그만 둔 이유 등에 관한 까다로운 질문을 던지면 솜씨 좋게 대처해야 하지 않겠는가. 이런 경우에는 거짓말을 하거나 진실을 오도하지 않으면서, 회사에 당신이 기여할 수 있는 최상의 성과나 공헌에 초점을 맞추어 얘기하는 것을 목표로 하라.

이력서 작성의 노하우

- **단순히 직무를 기술할 것이 아니라, 당신의 성과를 부각시켜라.**
  내성적인 당신에게 이것은 아마 의미 있는 도전이 될 것이다. 직무상 요구되는 임무를 이행한 정도를 쓰는 것이 아니라, 임무를 뛰어넘어서 당신이 성취한 내용에 대해 부각시켜라. 결과도 포함시켜라. 최대한 정량화하여 나타낼수록 좋다. 과거의 업무 평가서나 학교 추천서 등도 좋은 자료가 될 수 있다. 과거의 상사나 동료들처럼 당신이 업무에 기여한 바를 인정하는 사람들과 접촉하여 조언을 듣는 것도 좋은 방법이다.

- **간결하게 중요한 내용만 담아라.**
  어떤 사람이 짧은 시간 동안 이력서를 보고 당신이 무엇을 잘하는지, 왜 당신을 채용해야 하는지에 대해 단숨에 파악할 수 있도록 정리하라. 실제로 누군가에게 짧은 시간을 주고 물어보는 것도 방법이다.

- **한 눈에 들어오도록 여유 있게 만들어라.**
  복잡해 보이지 않도록 여백을 많이 두어 분량은 한두 장 정도로 만드는 것이 적당하다. 물론 특정 업계에서는 활동 내용에 대해 좀더 자세한 이력서를 요구하기도 한다. 그럼에도 대체로는 가능한 한 간결하게 하는 것이 좋다. 면접에서 얼마든지 더 많은 것을 얘기할 수 있으니까.

- **심플하고 깨끗하게 작성하라.**
  단순한 포맷에 한두 개의 글씨체만 사용하라.

- **자격이 되는지 쉽게 이해할 수 있도록 하라.**
  당신이 지원한 직무와 어울리는 목표를 써라. 당신의 자질에 대해서 설명할 수 있는 핵심적인 사항들을 요약하라. 하지만 단지 자신의 입장에서만 이야기하는 도전이나 희망은 별 의미가 없다. 조직이 기대하는 사항들에 대해 당신의 능력을 대응시킴으로써, 당신을 고용하는 것이 회사 입장에서 어떤 이익이 되는지를 집중적으로 부각시켜라.

🌸 인터뷰 시뮬레이션

인터뷰 전에는 가능한 한 많은 예상 질문을 준비하고 그에 대한 대답을 연습하는 것이 필요하다. 막상 해보면 당황스럽게도 당신의 대답은 당신의 머릿속에서 생각한 것과 사뭇 다를 것이다. 면접관을 해본 경험이 있는 사람 중에서 당신과 경쟁 관계에 있지 않은 사람과 연습해보는 것도 유용하다. 그런 사람이 없다면 구직 면접을 한 적이 있거나 연습 상대라도 해본 이들과 연습하는 것도 무방하다.

아주 냉철하고 솔직한 피드백을 얻어야 할 상황이라면 어떻게 하는 것이 좋을까? 아마도 당신은 지금까지 충분히 비판적 관점에서 스스로를 괴롭혀 왔을 것이다. 그렇다면 이제 뭉뚱그려 말하는 것이 아닌 당신이 원하는 형태의 맞춤 피드백을 요구하는 것은 어떤가? 예를 들어 부족하다고 생각되는 부분에 대해 아주 세세한 지적을 받고 싶다면, 연습을 시작하기 전에 특히 어떤 측면에 대해 집중적으로 피드백을 받고 싶은지를 이야기하는 것이다. 이를테면 몸짓 언어에 대해 집중적으로 봐달라고 하는 식으로 말이다.

또한 당신이 평가받기를 원하는 각종 목록들(예를 들어 바람직한 시선 처리, 호감이 가는 악수 방법, 자연스러운 손동작 등)을 드러내놓고 함께 논의해보는 것도 권할 만하다. 당신의 연습 상대에게 녹음이나 녹화를 부탁하라. 그것들을 함께 보거나 듣는 것 자체가 엄청난 학습이 될 것이고, 종국에는 인터뷰를 앞두고 한층 자신감을 가질 수 있게 될 것이다. 내면적인 성찰에 능한 당신은 당신이 한 것들을 보고, 분석하고, 다시금 개선하는 데 누구보다 능력을 발휘할 것이다.

태도와 몸짓이 말해주는 것

보통은 앉아서 인터뷰를 하기 때문에 당신의 생각과 감정은 얼굴 표정이나 태도, 손과 발의 움직임을 통해 어떻게든 나타나게 되어 있다. 이에 대해 한 가지씩 차례차례 살펴보고, 스스로에 대한 수행평가를 해보자.

캐시 블랙은 이에 대해 이렇게 조언한다. "자신감을 갖고 임하세요. 이것이 성공의 가장 중요한 열쇠입니다. 당신이 무엇인가 말하려 하면 사람들은 귀를 기울이겠죠. 그런데 기백이라곤 없는 당신의 표정이나 태도가 '나는 내가 말하는 것에 대해 확실히 알고 있지 않다'는 느낌을 준다면, 그들은 성의 있게 들으려 하지 않을 것입니다."

당신이 비언어적인 부분을 어떻게 표현할지 잘 모른다는 점은 어쩌면 기회가 될 수도 있다. 스스로를 평가하고 점수를 주는 과정을 통해 점차 개선이 필요한 부분이 무엇인지 인식하게 될 테니 말이다.

지금부터 열거할 항목들을 읽고 당신의 점수를 매겨라. 점수는 1점부터 5점(1: 상당한 개선을 요함, 2: 개선을 요함, 3: 합격, 4: 아주 우수, 5: 탁월)까지 있다. 결과가 나오면 부족한 부분을 개선하기 위해 실행에 옮길 활동들을 생각해보자.(예를 들어 비즈니스 매너에 대한 책을 읽는다, 거울 앞에서 하루 5분씩 제스처를 하면서 말하는 연습을 한다 등등.)

➡ **좋은 악수, 나쁜 악수**

악수는 사업상 만나는 사람들 간에 접촉을 허용하는 드문 경우로, 첫 인상을 결정하는 데 지대한 영향을 미친다. 당신은 누군가와 생선 꽁무니를 잡듯 너무 살살 하는 악수를 해본 적이 있는가? 혹은 쥐어짜듯 지나치게 손을 꽉 잡고 하는 악수, 하는 둥 마는 둥 미끄러지듯이 손을 스치는 악수를 해본 적이 있는가? 사실 기억에 남는 악수는 보통 좋은 것이 아니다.

자, 당신의 악수법은 확고하지만 으스러질 정도는 아니었다고 확신하는가? 당신에게 건설적인 피드백을 줄 수 있는 믿을 만한 몇 명의 비즈니스맨들과 악수를 해보라. 만약 손에 땀이 많이 난다면 악수를 하기 전에 살짝 닦는 것이 좋을 것이다. 한 번 이상 같은 피드백을 받았다면 당신의 악수 방법을 교정하고 다시 시도해보라. 제대로 했다면 그것이 습관이 되도록 연습을 하라. 면접에 임하기 전에 무엇을 바꿔야 하는지 다시 한 번 점검하자.

➡ 어느 자리에 앉아야 하나

어디에 앉을 것인지 선택할 수 있다면 다음 내용들을 고려하라. 당신이 가장 편안한 쪽은 어디인가? 만일 밖이 보인다면 창문 쪽은 피하라. 사람들이 지나다니거나 직사광선이 비추면 방해가 될 것이다. 나는 방 안쪽 깊숙한 곳을 좋아한다. 그래야 다른 사람들이 들어오더라도 내 뒤쪽으로 지나가지 않을 것이다. 혼자 앉을 것인지, 여러 명이 앉을 수 있는 긴 의자에 앉을 것인지도 선택사항이다.

만일 인터뷰하는 사람과 나란히 앉는 것이 불편하다면, 공간이 비좁아 상대방이 당신의 메모를 볼까봐 염려된다면, 일인용 의자를 선택하라. 만일 유리벽으로 된 회의실이라면 밖으로 보이는 느낌을 피하기 위해 사람들이 다니는 쪽을 등지고 앉는 것이 좋다.

➡ 자세

자세와 관련하여 가장 문제가 되는 경우는 응시자가 뒤로 기대앉거나 자리에서 굴러 떨어지는 경우이다. 똑바로 앉거나 다소 앞쪽으로 몸을 기울여 관심을 표현하는 느낌을 주는 대신 다리를 앞으로 쭉 뻗고 앉는 경우도 난감하다. 머리에 책을 올려놓고 앉아서 대답하는 연습을 하면, 몸이 자꾸 아래로 수그러드는 것을 피할 수 있을 것이다.

➡ 얼굴 표정

말을 할 때 얼굴 표정은 매우 중요하다. 다른 몸짓이나 말의 내용과 어울리도록 주의를 기울여야 한다. 최근에 나는 한 명문 비즈니스 쿨에서 실시한 모의 행동 인터뷰에서 MBA를 전공하는 학생을 인터뷰한 적이 있다. 그녀는 깨끗한 옷차림에다 똑 부러지게 말을 했지만, 시선을 피하는 무표정한 얼굴로 어딘지 폐쇄적이라는 느낌을 주었다. 좋은 인상을 주기 위해서는 당신의 흥미를 자극하는 요소들을 생각하며 대답하는 것이 중요하다. 그러나 더 중요한 것은 당신의 얼굴 표정으로도 보여주어야 한다는 것이다.

실제로 '뒤센스마일'이라 불리는 진짜웃음과 억지웃음 사이에는 큰 차이가 있다. 뒤센스마일은 19세기 프랑스의 신경학자인 뒤센 Guillanume Duchenne이 정의한 개념으로, 웃을 때 눈가와 입가의 근육을 사용하여 입꼬리가 올라가고 눈가에 주름이 생기는 것이 진짜 행복한 웃음이라는 것이다. 표정은 소리보다 훨씬 매력적이며, 진정성이 있다. 한번 해보라. 놀라운 결과를 얻게 될 것이다.

➡ 손동작

친구와 커피를 마시면서 이야기하듯이 당신의 요점을 강조하면서 자연스럽게 손을 사용하라. 면접자들이 범하는 가장 큰 실수는 안절부절못하고 계속해서 손을 꼼지락거리는 것이다. 손이나 얼굴을 만지지도, 무의식적으로 펜이나 다른 것들을 돌리지도 마라. 어처구니없게도 어떤 응시자는 자기 손을 깔고 앉아 있기도 한다. 또 어떤 이들은 동작을 확실하게 하는 데 너무 신경을 쓴 나머지 로봇처럼 딱딱해 보이기도 한다.

상대방의 이야기를 듣는 동안 손은 어떻게 할 것인가? 가장 간단하고 효과적인 것은 편안하게 테이블 위에 올려놓는 것이다. 만일 테이블이 없으면 팔걸이나 무릎 위에 놓으면 된다.

➡ 발과 다리의 위치

앉아 있는 경우에 발과 다리는 어떻게 할 것인가? 가장 모범적인 위치는 두 다리를 반듯하게 아래로 세워 바닥을 딛고 있는 것이다. 다리를 떤다든지, 신경 쓰일 정도로 발로 바닥을 두드린다든지, 발을 흔들어서 면접관을 차버리는 실수는 범하지 않도록 주의하라. 누가 그렇게 할까 싶겠지만 의외로 많다.

➡ 식사를 하면서 하는 면접

식사를 하면서 하는 면접은 한층 더 주의해야 한다. 번거롭지 않고 많이 씹지 않아도 되는 음식을 선택해야 입 안에 음식물이 가득 차서 말을 잘 못하게 되는 상황을 피할 수 있다. 당신이 먼저 주문하는 것도 방법이다. 가능하면 술 종류는 주문하지 않도록 하라. 너무 느슨해진 나머지 자제력을 잃을 수도 있기 때문이다. 포크 사용법 등의 식사 예절이 나와 있는 책을 잠깐 훑어보고 가는 것도 나쁘지 않다.

➡ 그 밖에 준비할 것

"어떤 사람을 면접하는데 황당한 일이 있었어요." 캐시 블랙은 말했다. "제가 '몇 가지를 적어보세요'라고 말하자, 그 응시자는 가방 안에 손을 넣고 계속해서 뭔가를 뒤지는 거예요. 펜이 없었거나 적을 데라곤 지저분하게 구겨진 작은 종이 한 장뿐이었던 모양이에요."

으악! 그게 바로 내 얘기였다. 지금은 고객과 만날 때면 회의에 필요할지 모르는 모든 물건을 찾기 쉽게 가방 안의 주머니에 따로 챙겨둔다. 주머니에는 펜도 있고, 종이받침대도 있고, PDA도 있고, 명함 수첩도 들어 있다. 이렇게 준비하면 뭔가를 찾느라 가방을 홀랑 뒤집어엎을 일은 없을 것이다.

❋ 당신의 약점을 캐물을 때

당신의 목소리는 의사소통에 도움이 되는가, 방해가 되는가? 잘 들리도록 목소리를 내는 데, 또렷하게 발음하는 데, 혹은 목소리의 톤을 조절하는 데 어려움이 있다면 발성 훈련을 받아보는 것도 좋다. 좀더 힘차고 낭랑한 목소리를 개발하려면 시간이 걸리겠지만 기약이 없는 일은 아니다.

언스트 앤 영Earnst & Young의 자넷 리셀은 이렇게 말하기도 했다. "만일 어떤 사람의 목소리를 듣기 위해 긴장해야 한다면 그것도 스트레스입니다. 그냥 듣는 것을 포기하는 게 낫습니다."

내가 컨설팅하는 고객들이 효과를 본 간단한 비법을 소개하자면, 말끝을 흐리지 말라는 것이다. 점점 목소리가 잦아드는 것을 피하고, 문장마다 단어마다 확실하고 강한 어조로 얘기한다면 한층 확신에 찬 목소리로 들릴 것이다.

곤란한 질문을 받은 순간

면접 도중 받은 곤란한 질문에 대해 즉석에서 대답하는 것은 참으로 어렵다. 생각할 시간은커녕 숨 쉬는 것조차 잊어버리게 되고, 목소리는 한 옥타브쯤 높아지게 마련이다. 뇌로 가는 산소의 양이 줄어들면 생각은 얕아지고 희미해진다. 이러한 악순환을 피하기 위한 최고의 방법은 어려운 질문을 가능한 한 많이 예상하고 예측해보는 것이다. 피할 수는 없는 일이다. 당신은 어떻게 할 것인가?

면접관은 당신의 약점이나 실패 경험, 성격상의 결함에 대해 담담하게 물을 것이다. 이에 대해 합당하지 않은 대답을 하면 질문은 거기서 끝나게 된다. 언스트 앤 영의 자넷 리셀은 이렇게 조언한다. "'미국에는 호텔이 몇 개가 있죠?' 라는 질문을 받을 수가 있습니다. 물론 답이 없지는 않겠지요. 하지만 면접관은 답보다는 응시자가 어떻게 생각하고, 어떤 과정을 거쳐 답변에 이르는지를 보고 싶은 것입니다." 그러므로 이때 면접관이 당신이 하는 모든 말에 대해 평가하고 비판하더라도 절대 흥분해서는 안 된다.

당신의 약점을 파고드는 질문에 대해 어떻게 대답할 것인가? 헤드헌터로 일하는 페니 도스코우Penny Doskow는 이렇게 조언한다. "'저는 정말 열심히 합니다'라는 말은 하지 마세요. 실체를 보여주는 것이 중요합니다. 당신의 장점을 돌려서 말하세요. 이를테면 '상사가 오히려 팀원들을 분열시켜서는 안 된다고 생각합니다. 저는 팀원 모두가 수레의 바퀴살처럼 팀의 목표를 향해 유기적으로 공헌하는 환경을 만들고 싶습니다'라는 식으로 말이죠."

자넷 리셀은 또한 이렇게 덧붙였다. "향후 더 발전하는 사람이 되기 위해 앞으로 어떤 자기계발 목표를 가지고 있는지를 듣는 것도 흥미롭습니다. 예를 들어 컴퓨터 지식을 연마한다든지 사람들 앞에서 좀더 말을 잘하는 사람이 되겠다든지 하는 목표 같은 것이지요. 우리는 결코 완벽한 사람을 채용하지는 않습니다."

실패를 통해 배운다

그렇다면 "당신이 가장 후회하고 있는 것은 어떤 것입니까?"라는 질문에 가장 좋은 답변은 무엇일까? 이에 대해 리셀은 이렇게 말했다. "흥미나 관심을 갖고 어떤 일을 이루려고 노력했는데 그것이 잘 되지 않았을 때, 소기의 목적을 달성하지는 못했지만 그것으로 얻은 경험을 토대로 또 다른 일을 찾게 되었다고 말하면 어떨까요? 나는 그런 사람들이 마음에 듭니다. '내 사업을 하려는 생각이 있었지만 그냥 못하고 말았습니다'라고 얘기하는 응시자보다는 말이죠. 나는 사람들이 실수를 통해 배우는 것을 좋아합니다. 적어도 그들은 자신의 열정을 좇아 시도는 해보았으니까요."

이런 도전적인 질문에 답하는 것에 대해 리셀은 또 하나의 중요한 요점을 귀띔하였다. "면접관은 로봇처럼 준비된 답변을 듣는 것을 원하지 않습니다. 즉석에서 순발력 있게 대답하는 모습을 보고 싶어 하죠. 혹시 당신이 미리 준비했던 대답이더라도, 심호흡을 하고 한 번 더 생각하여 면접관이 원하는 답변을 내놓도록 하세요."

이제 실전에 들어가서 면접 도중에 나올 수 있는 가장 어려운 질문 세 가지를 생각해보라. 그리고 만족할 만한 수준이 될 때까지 큰 소리로 연습하라. 당신에게 귀중한 조언을 해줄 멘토, 동료, 친구들과 함께 답변의 내용과 전달 방법을 개선해나가는 것도 잊지 말자.

❋ 옷차림은 자신감이다

"돈을 많이 벌고 싶으면 나부터 가치 있게 보여야 한다"라는 말이 있다.

마네킹처럼 비싼 브랜드의 옷, 멋진 헤어스타일, 광이 번쩍번쩍 나는 구두 같은 걸 다 차려입어야 되냐고? 그럴 필요까지는 없다. 면접관은 다른 마네킹들도 다 들여다보고 있으니까. 그러나 다른 응시자와 비교해서 거의 모든 면이 동등할 때, 당신의 외모나 스타일이 훨씬 예리하고, 현대적이고, 조직 분위기에 더 걸맞아 보인다면 어떻게 될까?

당신은 바로 이 지점에서 경쟁력을 가질 수도 있다. 옷차림이 화려하고 번쩍번쩍할 필요는 없다. 그 대신 당신이 보이고자 하는 이미지의 형태에 대해 생각해보라. 어떻게 하면 당신의 내면의 풍부함을 외부 세계에 보여줄 수 있을까? 어떻게 입어야 당신의 자신감이 밖으로까지 흘러나올까?

다가올 구직 면접에서 어떻게 입는 것이 좋을지 확신이 안 선다면 좀더 다각적으로 고민을 해볼 필요가 있다. 옷을 잘 입는 것에는 여러 가지 방법이 있지만, 자리에 어울리지 않게 옷을 입었다가는 결코 바라지 않았던 방향으로 당신의 인상을 남길 수도 있다.(예를 들어 소프트웨어 엔지니어링 회사의 면접에 공무원처럼 말쑥한 양복 차림은 아니올시다).

당신이 당신에게 행운을 가져다주는 옷이라며 90년대 스타일의 양복을 입겠다고 우길 수도 있겠지만, 간혹 외모 때문에 회사의 당락이 결정될 수도 있음을 인지할 필요가 있다. 어쩌면 세상에서 성공한 억만장자들은 대부분 아주 옷을 못 입는 사람들이라고 반론할 수도 있겠지만, 굳이 불리한 조건을 만들 필요가 있을까? 인터넷 홈페이지에 있는 직원들이나 CEO의 사진을 통해 그 회사에서 추구하는 감각을 보는 것은 그리 복잡한 일도 아니다.

그리하여 면접날, 모든 준비가 끝났다. 스스로에게 내 모습이 어떤가 물어보자. 잘 차려 입으면 스스로도 기분이 좋아질 것이다. 아직도 공인 받은 내성적인 사람으로서 사람들에게 주목받는 상황이 꺼려진다면 다시 마음을 추스려보자.

이 책은 당신의 존재를 더욱 부각시켜서 조직이나 사회에 더 많은 공헌을 하는 사람이 되기를 기대하면서 여기까지 왔다. 당신의 최종 목표가 무엇인가? 일자리를 얻고, 승진하고, 더 많은 급여를 받기를 원하는가? 그렇다면 무엇을 망설이는가? "이 부분은 피상적으로 들릴 수도 있겠지만, 분명 사실이에요." 캐시 블랙은 이렇게 말한다. "우리는 분명 외모로도 사람을 판단해요. 당신에게 세 번째, 네 번째,

다섯 번째의 기회가 계속해서 오지는 않는답니다."

나에게 맞는 스타일을 찾아라

만일 당신이 몸담은 분야에서 성공한 리더가 당신의 스타일(옷, 액세서리, 머리, 몸치장 등)을 동료에게 설명한다면, 누구와 비교하여 이야기할까? 당신은 미셸 오바마 스타일인가, 로라 부시 스타일인가? 월스트리트의 마이클 더글라스 스타일인가.

당신은 누구의 이미지와 비슷한가? 당신이 아는 사람, 유명인, 또는 소설 주인공 등의 이름을 생각해보라. 누구의 이미지를 닮고 싶은가? 그 이미지에 맞추려면 현재 당신의 스타일을 어떻게 바꿔야 할까? 바꾼다면 그 시기는 언제인가? 이 목표를 위해 당신을 지지해주고 지켜봐줄 사람은 누구인가?

아마도 당신은 내성적인 사람이기 때문에 옷을 아주 못 입거나 촌스럽지는 않을 것이다. 오히려 좋아하는 패션잡지에 있는 페이지를 그대로 가져다가 당신만이 가지고 있는 독특한 스타일로 매만져, 당신에게 잘 적용할 가능성이 높다. 그러나 너무 오랫동안 사람들이 당신의 모습을 어떻게 보는지에 대해 잊고 있거나, 책에만 파묻혀 있어서 최근에 거울을 본 적이 거의 없다면 이제 좀 달라져야 한다.

사람들의 관심을 끌기보다는 묻혀 있는 것을 좋아하는 심정도 이해가 간다. 게다가 능력은 당신보다 좀 못하더라도 외양적으로 인상에 남는 다른 응시자가 합격하고, 당신이 그 결과를 기꺼이 받아들일 수 있다면 아무 문제될 것이 없다. 아무도 당신의 재능이나 아이디어를 알아주지 않아서 승진에 번번이 누락되더라도 감수하겠다면 더 이상 할 말은 없다. 하지만 당신은 대단하지는 않아도 예전보다는 주목받고 인정받는 인생이 되기 위해서 이 책을 선택하지 않았는가?

명품을 고집할 필요는 없다. 당신에게 맞는 좋은 물건은 얼마든지 찾을 수 있다. 약간의 수고를 들인다면 할인점, 양판점, 아울렛 등에서 브랜드 제품을 싸게 구입할 방안을 찾을 수 있을 것이다. 옷을 고를 때에는 단순히 어떤 것을 입어야 적절한가를 고려해야 할 뿐만 아니라, 당신에게 어울리는 색상에도 신경을 써라.

최근에 회의에서 한 여성을 만난 적이 있다. 이 여성과 대화를 나누다가 우리가 공통적으로 아는 듯한 한 동료를 묘사하고 서로 비교하게 되었다. 그 남자는 흔한 이름을 가지고 있었기 때문에 그녀는 그를 이렇게 묘사했다. "그 교수님은 키가 아주 크고, 말랐고, 푸른 눈에다……. 항상 바지를 너무 짧게 입지 않나요?"

역시 우리가 생각한 그는 그가 맞았다. 아마도 당신은 누군가에게 이런 식으로 묘사되기를 바라지 않을 것이다.

> **Tip** 면접이 끝난 후

당신은 이메일, 전화, 그리고 개별 심사의 장애물과 높이뛰기를 통과해냈다. 모든 것이 잘 되었다면, 당신은 곧 다음 면접에 응시할 기회를 갖거나 연봉 협상을 하게 될 것이다. 자, 이 시점에서 무엇을 해야 할까?

간단한 해답은 당신이 면접 과정에서 만난 사람들에게 사려 깊은 감사의 편지를 보내는 것이다. 당신이 취업할 회사에서 어떤 공헌을 할 것인지에 대한 문장을 포함시키는 것도 좋다. 그것을 몇 줄로 축약하여 이메일이 되었든 우편이 되었든 적절한 방법을 통해 보내도록 하라. 무엇보다 중요한 것은 적절한 시점이다. 너무 시간을 끌지 마라.

서신을 보내는 것 이외에 또 어떤 방법이 있을까? 답은 '상황에 따라서'이다. 만일 면접관에게 전화하지 말라는 말을 들었으면 전화는 삼가야 한다. 헤드헌터나 다른 사람이 소개를 해주었을 경우에는 이 사람과 더불어 후속 조치를 하는 것이 더 적절할 것이다. 관심이 집착으로 보이지 않도록 미세하게 균형을 유지해야 할 필요가 있다. 내가 생각하는 가장 좋은 방법은 면접이 끝날 즈음에 연락을 해도 좋을지 물어보는 것이다. 이메일이나 전화 가운데 어떤 것이 좋을지까지 포함해서 말이다.

❋ 연봉 협상의 순간

이제 면접의 과정에서 가장 민감한 순간이 왔다. 바로 시장에 당신의 가치를 각인시켜야 하는 순간이다. "비단 연봉을 협상할 때뿐 아니라, 평소에 그들에게 당신의 가치를 알려줄 필요가 있습니다. 되도록 자주 당신의 능력을 보여주세요." WNBPA(전미여성농구선수협회)의 운영이사인 파멜라 휠러Pamela Wheeler의 말이다. 그러나 안타깝게도 우리는 이 기본적인 조언조차 잊을 때가 많다.

공감을 나타내라

당신은 협상이 마치 줄다리기와 같다고 생각하겠지만, 상대방의 입장에 대해 공감을 나타내는 것은 실질적으로 협상을 돕는 방법이다. 인

사부의 담당자는 아마 본인이 운영할 수 있는 예산이 있을 것이고, 그의 상사나 이사회 등에서 추가적으로 승인을 받기 전에 제안할 수 있는 상한선이 있을 것이다. 요컨대 당신은 그의 입장에 대해 이해한다고 말하는 것이다.

알렉스 펜트랜드Alex Sandy Pentland 박사는 MIT의 연구에 기초한 그의 저서 《정직한 신호Honest Signal》에서 흉내 내기를 통해 공감을 나타내는 놀라운 방법에 대해 이야기한 바 있다. 그는 흉내 내기를 "대화 중 웃음이나 감탄사를 따라하거나 고개를 끄덕이는 것"이라고 정의한다. 덧붙여서 그는 이렇게 말했다. "흉내 내기는 공감은 물론 신뢰를 보여주는 정직하고 효과적인 신호입니다. 따라서 급여 협상이나 세일즈 상담을 할 때 흉내 내기를 하면 상당한 위력을 발휘할 것입니다. 특히 주목할 것은 이러한 정직한 신호의 효과입니다. 무의식적이고 자동적인 흉내 내기는 매출을 20~30% 정도 증대하는 결과를 이끌어냈습니다."

그런데 무의식적이고 자동적인 흉내 내기가 아니라 의식적인 흉내 내기도 같은 결과를 가져올 수 있을까? 과연 의식적인 흉내 내기로 어느 정도의 결과를 기대할 수 있을까?

이에 대해 펜트랜드 박사는 이렇게 말한다. "이러한 신호를 일부러 만들어내기란 쉽지 않은 일이죠. 의식을 하고 태도를 가식적으로 표현해야 하는 일이니까요. 그러나 당신이 진심으로 어떤 사회적 역할에 몰두한다면, 이러한 연기도 효과를 볼 수 있을 것입니다. 그것이 리더로서의 역할이든, 팀원의 역할이든, 다른 어떤 역할이든 간에 우리는 이러한 신호가 점차 자동적으로, 그리고 무의식적으로 자연스럽게 변화한다는 것을 발견하였습니다. 확실한 것은 이런 사회적인 역할에 당신 스스로를 몰입시킬 수 있을 때, 우리의 무의식적인 대화 방법이 변화하여 '정직한 신호'를 보내는 것이 가능해진다는 것입니다."

이제 "실제로 될 때까지 거짓으로라도 해라"라는 조언에 과학적인 근거가 생긴 것일까?

협상하기 전에 알아야 할 것들

연봉을 주제로 이야기를 하고 있지만, 미국의 인적자원관리를 위한 모임SHRM: Society for Human Resource Management에서 조사한 바에 따르면, 연봉이 생각보다 결정적인 조건은 아니다. 종업원들의 일자리에 대한 만족도를 결정 짓는 요소들을 중요한 순서대로 말하자면, 직업의 안정성, 일을 함으로써 얻는 혜택, 급여, 작업장에서의 안전도, 종업원과 고위층 임원들 간의 대화, 기술과 능력을 발휘할 기회 순이었다. 급여 문제는 세 번째였다. 그러나 35세 이하의 종업원들에게는 급여가 첫 번째 요소라고 한다.

이렇게 급여 문제가 당신에게 최우선 순위에 있든 그렇지 않든, 더 좋은 급여를 받기 위해 협상을 도와줄 다음 조언들을 참조할 필요는 있을 것이다.

- 당신의 강점을 인식하라. 내성적인 나의 고객들에게 수없이 듣는 말이 있다. 바로 자신은 무능력한 협상자여서 협상을 시도해보기도 전에 포기한다는 것이다. 만일 당신이 그렇다면 당신을 유능한 협상가로 만들어줄 능력들, 이를테면 연구/조사 능력, 능동적인 듣기 능력, 심사숙고하는 능력 같은 것을 총동원해보자. 우리 대부분은 뛰어난 협상가로 태어나지 않았지만, 자고로 협상은 나팔 불기처럼 노력으로 향상시킬 수 있는 것이다.

- 당신의 협상 스타일을 재고해보라. 우리는 저돌적인 영업사원에 대해 꺼려하고, 거짓말 잘하는 사람이 이긴다고 생각하는 경향이 있다. 당신의 스타일은 어떤 것인가? 맞서서 경쟁하는 편인가, 순응하는 편인가. 회피하는 편인가, 타협하고 양보하는 편인가?
만일 너무 경쟁심이 심하다면, 내 생각만 하지 말고 다른 사람이 얘기하는 것에 관심을 갖고 집중하려고 노력하라. 너무 쉽게 협의를 하는 편이라면, 급하게 당신을 팔아버리려 하지 말고 당신의 요구에 맞춰질 때까지 인내심을 갖도록 노력하라. 전형적으로 논쟁을 피하는 편이라면, 내가 싸우지 않으면 원하는 것을 결코 얻지 못한다는 사실을 기억하자. 만일 적정선에서 물러나는 편이라면, 부분적으로 만족하는 정도가 아니라 양쪽이 모두 완전하게 좋은 해답을 찾을 수 있는 방향으로 생각을 바꿔라.

- 철저하게 조사하라. 당신이 관심을 가지고 있는 조직이나 같은 분

야에 있는 다른 조직의 급여체계에 대해서 가능한 많이 조사하라. 이직률도 파악하라. 사람들이 붙박이처럼 잘 떠나지 않는가? 아니면 급여를 조금이라도 더 많이 주는 곳을 찾아 떠나는 경우가 많은가?

- 어려운 부분에 대해 연습하고 준비하라. 당신이 신뢰하는 사람과 함께 특히 힘들어하는 부분에 대해 역할놀이를 해보라. 그리고 건설적인 조언을 요청하라.

- 급여에 대해 논의하는 것을 서두르지 마라. 면접에 임하기 전에 이미 급여체계를 알고 있다 해도, 당신을 고용하려는 사람이 마침내 당신에게 일자리를 제안하려는 상황이라고 판단되기 전까지는 급여에 대해 논의를 하지 않는 것이 좋다. 협상할 여지가 없어지고, 당신이 가진 패를 너무 빨리 써버려 좋지 않은 결과를 얻을 수도 있다. 고용주가 연봉에 대한 제의를 하면, 비로소 당신의 연봉에 대해 협상을 해야 하는 시간이 된 것이다.

- 더 많은 정보를 얻기 위해 신축적이고 개방적인 질문을 하라. 상대방에게 더 많은 정보를 얻기 위해 "예/아니오"라는 답변이 나올 질문 대신 "누가, 무엇을, 어디서, 언제, 왜, 어떻게 했나"를 물어보는 질문을 하라. 상황에 따라 당신이 할 수 있는 질문에는 다음과 같은 것들이 있다.

- 급여 결정에 대한 권한은 누가 가지고 있습니까?(누가 협상 대상자인지 알 수 있는 좋은 질문이 될 것이다. 겉으로 나타나지 않는 숨겨진 상황이 존재할 수 있다.)
- 이 조직은 직원들에게 어떻게 보상하고 있습니까?(급여, 보너스, 옵션, 이익분배, 복리후생제도는 어떤 것이 있습니까?)
- 이 직급에 있는 다른 사람의 급여는 어떻게 되는지요? 한 직급 위는 어떤가요?
- 매년 평균 급여 인상은 어떻게 됩니까?
- 급여 말고 다른 어떤 혜택이 있습니까?(급여가 당신의 기대에 약간 못 미친다면 별도로 휴가일자, 특별 보너스, 유연한 근무시간 등 당신이 생각하는 다른 조건들을 협상할 수 있을 것이다.)
- 승진 기회는 어떤가요, 과거의 경우 이 직무에서 어떤 형태로 승진했습니까?

● 협상이 교착상태에 빠졌을 때를 대비해 확실한 대안을 준비하라. 만일 협상이 당신이 의도한 대로 가지 않거나, 제안이 받아들여지지 않거나, 조직이 당시의 가치를 낮게 평가하는 상황이 오면 어떻게 할 것인가? 항상 당신의 대안, 'BATNA best alternative to a negotiated agreement'를 확실하게 갖고 있어야 한다. 협상에서 멀어질 것에 대비한 '플랜 B'가 필요하다.

● 협상에 임할 때는 상대방의 입장을 주의 깊게 들어라. 당신이 염두

에 두고 있는 숫자 때문에 그것에만 집중한 나머지 상대의 말을 놓쳐버리는 경우가 있다. 이를 방지하기 위해서는 상대방의 말을 자신의 말로 다시 확인함으로써 들은 내용을 확실하게 하는 것이 좋다.

- 당신과 인사 담당자, 해당 조직 모두에게 긍정적인 결과를 낳는 비전을 제시하라. 이런 태도가 협상 중에 일어날 수 있는 논쟁을 방지할 수 있게 해줄 것이다. 그리하여 당신을 채용하려 노력하는 상대방은 당신의 은인이 되어줄 것이고, 논쟁은 어느덧 양쪽이 중고차 값을 가지고 논쟁하는 것과는 다른 양상으로 전개될 것이다.

- 협상이 경쟁보다는 협력관계가 되도록 하라. 상대방의 생각에 깊은 관심을 보이고 함께 일하고 싶다는 열정을 보여주는 것으로 당신의 좋은 의도는 보상받게 될 것이다.

- 만일 급여는 협상 대상이 안 된다고 하면, (그럼에도 불구하고 아직 그 자리에 관심이 있다면) 대안을 제시하라. 단기간의 고용 후에 급여를 다시 정하는 것이 가능한지 의논해보라.

- 상대방에게 감사의 뜻을 표현하라. 협상은 어려운 작업이다. 하지만 인사 담당자와는 향후 긴밀한 업무관계를 구축할 수도 있다.

잊어버리고 싶을 만큼 난처한 장벽을 만들기보다는 서로의 관계가 발전적이 될 수 있도록 협상을 진행해야 한다.

- 말하기 전에 그것에 대한 당신의 생각을 존중하라. 그 자리에서 바로 협상 조건에 동의하는 것은 피하라. 제안에 대해 무응답을 하는 것이 보통은 가장 좋다. 보다 나은 조건에 대해 좀더 생각해 보거나, 그것을 당신의 친한 친구들이나 동료들과 의논해본 후에 새로운 아이디어를 얻을 수도 있을 것이다. 상대방의 제안에 대해 먼저 감사의 뜻을 전하라. 그리고 하루 또는 이틀 정도 생각해본 후 특정 날짜까지 결정하겠다고 말하라.

- 상대방에게 어떤 위험부담이 있는지 감지하라. 결국 인사 담당자가 자신의 카드를 올바르게 사용하지 못하면 그는 귀중한 자산을 잃게 되는 것이다. 바로 당신이라는 귀중한 자산 말이다! 만일 당신과의 협상이 결렬되면 그는 자기의 시간과 힘을 낭비하게 된다. 두 번째 응시자와 이러한 지난한 과정을 다시 시작해야 하는 것이다.

- 감정적으로 흐르지 않게 하라. 협상이 점점 어려워질지라도 분명하고 확신 있게, 그리고 자기 자신에게 진실하게 행동하라. 절대 감정적으로 흐르지 않게 하라. 당신은 입으로 하는 말보다 훨씬 많은 이야기를 표정이나 몸짓으로 이미 보여주고 있다는 사실을

잊지 말아야 한다. 당신의 태도와 눈맞춤, 손짓, 얼굴 표정에 유의하고, 상대방이 몸짓이나 표정으로 말하는 부분에 집중하도록 하라.

- **문서로 작성하라.** 전쟁에서 악수로 맺어진 협정은 결국 아무 소용 없이 수포로 돌아가기 십상이다. 당신과 상대방이 서로 신뢰한다 할지라도 말로 협의된 내용은 손상되고 왜곡될 수 있다. 어쩌면 인사 담당자는 조직을 떠나고 당신은 새 상사와 새롭게 시작해야 하는 상황이 올 수도 있다. 또는 인사 담당자가 자기가 제안한 것과 다르게 채용 조건들을 이해하고 있을 수도 있다. 새로운 원가 절감 시도에 의해서 급여나 보너스 인상이 동결될 수도 있다.

 당신을 불확실한 상태에 내버려두지 마라. 고용 계약서를 작성하거나, 최소한 당신과 급여를 합의한 인사 담당자의 확인이 있는 이메일은 받아놓도록 하라. 모든 것이 여의치 않을 경우에는 당신 스스로 이메일을 보내 조직의 답변을 요구하는 것도 방법이다.

✿ 당신의 능력에 걸맞는 보상을 받으려면

《말의 홍수 속에서 살아가는 내성적인 사람의 힘The Power of Introverts in a World that Can't Stop Talking》(2011년 출간 예정)의 저자인 수잔 캐인Susan Cain은 급여 협상을 하는 것 때문에 어려움을 겪고 있던 사람의 이야기를 내게 들려준 적이 있다.

여기 우아하고 자기 확신에 찬 한 고객이 있다. 그녀는 대기업 이사 자리의 면접을 준비 중이었으며, 훌륭한 업무 경력을 가지고 있었지만 MBA 졸업장이 없었다. 내성적인 사람들이 흔히 그러하듯, 그녀는 자신이 회사에서 발휘할 수 있는 많은 능력보다는 부족한 점에만 집착하고 있었다.

나는 그녀를 돕기로 하였고, 이를 위해 처음 한 일은 그녀가 회사에 꼭 필요한 자산이라는 믿음을 가질 수 있도록 뼛속까지 마음가짐을 바꾸는 것이었다. MBA가 대수인가! 나는 그녀가 받을 수 있는 예상 질문에 대해 어떻게 대응해야 하는지를 집중적으로 훈련시켰다. 먼저 MBA가 없는 것을 당당하게 알리고, 방어적인 말 대신 그것이 왜 문제가 안 되는지에 대해 설명하게 하였다. 그녀 역시 내성적인 사람이 가진 귀중한 강점을 가지고 있었는데, 그녀는 물어보지 않을 것 같은 질문들까지도 혹시나 하는 생각으로 준비해놓고 있었다.

또한 그녀와 나는 상대방이 처음 제시한 급여보다 어떻게 하면 더 높은 급여를 요구할 것인가에 대해서도 철저히 대비하였다. 그녀는 우아하게 자신을 표현하는 방법에 대해 잘 이해함으로써 유리한 고지를 차지할 수 있었다. 공격적으로 나가지 않고도 더 많은 급여를 요구하였고, 결국 회사가 처음 제안한 급여보다 15,000달러나 많은 급여를 받게 되었다. 최고 경영자는 그녀에게 혼자서 그렇게 협상을 잘하는 사람은 처음 보았다고 찬사를 보냈다고 한다. 그들은 그녀가 회사를 대표해서도 그러한 방식으로 성공적인 협상을 이끌 것이라는 확신을 갖게 되었고, 예상보다 많은 돈을 지불하더라도 그녀를 채용한 것이다.

공격적인 사람과 협상할 때

협상 파트너의 스타일이 "내가 하자는 대로 하거나, 아니면 떠나라"라는 식일 때 당신은 어떻게 하겠는가? 이런 경우에도 주눅들지 말자. 당신은 여러 면에서 대립각을 세우는 사람들과도 잘 협상할 수 있다. 이에 대해 《저 높은 곳을 향하여: 영향력, 힘에 대한 나의 생각 Up: Influence, Power, and the U Perspective》, 《당신이 원하는 것을 얻는 기술The Art of getting What You Want》의 저자 리밀러Lee E. Miller는 두 가지 접근법을 제시하였다.

"나의 생각에 대한 다른 이들의 생각을 이해하려는 자세가 필요합니다. 만약 상대방이 승리할 순간이라면 그냥 이기게 해주세요. 단, 당신이 끝내고 싶은 지점보다 훨씬 멀리서부터 시작하세요. 이렇게 하면 당신에게 중요한 것을 희생하지 않으면서도 포기하는 모습을 보여줄 수 있고, 그들은 자기가 승리한 것처럼 느낄 것입니다."

계속해서 밀러는 이렇게 조언했다. "다른 방법은 사람들에게 도움을 구하는 것입니다. 그들로 하여금 당신과 경쟁 상태가 아니라 협력 관계에 있다고 생각하게 만드는 것이죠. 그렇게 함으로써 승자-패자의 역학 구도를 바꿀 수 있습니다."

당신이 공격적인 협상 스타일을 지닌 사람을 피할 수 없을 때는 사실에 근거하여 자신을 단단히 무장한 다음 시작하라. 차분하고 현실적인 태도로 임하고, 언제나 최상의 대안BATNA: best alternative to negotiated agreement을 준비해놓아야 한다.

CHAPTER 7

또 다른 절반과 소통하기

내성적인 사람들은 간혹 우리와는 다른 사람들의 시각으로부터 얻을 수 있는 기회를 대수롭지 않게 생각하는 경향이 있다. 이제 자신으로부터 빠져나와 외향적인 사람의 입장이 되어보는 기회를 가져보자. 특히 내성적인 사람과 외향적인 사람 간의 대화를 풍성하게 해줄 빌 클린턴과 워렌 버핏의 조언이 당신을 기다리고 있다.

❋ 적과의 동침?

 당신은 세상의 또 다른 절반과 교감하고 공존할 준비가 되어 있는가? 외향적인 사람들도 우리 내성적인 사람들로부터 많은 것을 배울 수 있겠지만, 이 장에서는 외향적인 사람들을 관찰하고, 그들과 대화하고, PR에 대한 그들의 충고를 살펴봄으로써 그들의 관점을 새롭게 배우는 기회를 가질 것이다.

 물론 외향적인 사람들이 자신을 홍보하기 위해 하는 모든 것을 우리가 다 따라하다가는 지쳐 나가떨어질 수도 있다. 하지만 그들의 각본에서 한두 페이지 정도 퍼오는 것쯤이야 힘든 일이 아니다. 그런 다음 우리 식대로 하면 되는 것이다.

 당신은 스스로를 내성적인 면이 강한 사람으로 생각하는가, 활발하고 외향적인 사람으로 생각하는가. 혹은 그 중간의 어떤 유형이라고 생각하는가? 당신이 스스로를 어떻게 규정하든 여러 가지 다양한 렌즈를 통해 자기 PR에 관한 다양한 관점들을 접하고 당신의 사고범위를 넓힐 필요는 있다. 이 장에서는 내성적인 사람들과 외향적인 사람들이 서로 어떻게 다른지를 알아보고, 궁극적으로는 이 외향적인 사람들의 세상에서 어떻게 우리 자신을 홍보하며 성장해나갈 수 있을지를 모색할 것이다.

외향적인 사람들과 의사소통하는 법

- 외향적인 성격을 지닌 상대와 대화를 하기 위해서는 몇 가지 가벼운 대화 주제를 준비해놓아야 한다.
- 당신이 말하기 전에 심사숙고하기를 좋아한다면, 외향적인 사람들은 자기 생각을 요란하게 이행하고 다른 사람들이 그에 대해 어떻게 생각하는지를 알고 싶어 한다. 외향적인 사람들과의 회의에서는 브레인스토밍을 고려해보라.
- 당신은 보통 당신이 발언할 순서를 기다리는 편이지만, 외향적인 사람들과의 회의에서는 때때로 차례를 뛰어넘을 마음의 준비를 해야 한다.
- 외향적인 사람들이 던지는 공격적인 질문을 잘 참아내야 한다. 그들의 질문을 비판하기보다는 함께 편안히 공유할 수 있는 안건을 제안하라.
- 당황스러운 질문을 받게 되면 의연하게 그것에 대해 잠시 생각할

시간이 필요하다고 답하거나, 나중에 응답하겠다고 대답하라.
- 다양한 활동에 대한 욕구와 더불어 대화할 사람을 많이 필요로 하는 외향적인 사람들의 욕구를 인정하라. 단일 주제를 놓고 한 사람과 문을 걸어 잠그고 깊이 있게 토의하는 것은 외향적인 사람들의 입장에선 질색할 일이다.
- 외향적인 사람들은 활동 지향적인 성향이 강하며, 그들에게 있어 '입력과 자극'은 바깥 세상에 의존한다는 사실을 명심하라. 내적인 것에 초점을 맞추는 당신의 취향 사이에서 균형을 잡아라.
- 당신이 몇몇 주제에 대해 깊은 지식을 가지고 있다면, 외향적인 사람들은 다양한 주제에 대해 폭넓은 지식을 가지고 있다. 그들의 박식함을 인정해주라.
- 외향적인 사람들에게 장문의 이메일을 보내거나 상세한 음성 메시지를 남기는 것은 삼가해야 할 일이다.(이것은 때로 내성적인 사람들의 입장에서도 고마운 일이다.) 외향적인 사람들은 긴 이메일을 대충 훑어보거나 처음 몇 마디에만 집중할 수도 있다.
- 당신이 소수정예의 지인을 두길 바란다면, 외향적인 사람들은 되도록 많은 사람들과 알고 지내기를 바란다는 사실을 기억하라.

내성적인 사람과 어떻게 의사소통할까

이번에는 외향적인 성격을 가진 사람들을 위해 내성적인 사람들과 대화를 나누거나 회의를 할 때 유의해야 할 점을 정리해보자.

- 내성적인 사람들이 의견을 말하는 것은 언제든 환영하되, 즉석에서 대답을 해야 하는 상황은 만들지 마라. 회의 전에 생각을 정리할 시간을 갖도록 미리 안건을 알려주고, 이메일을 통해 비공개적으로 의견을 요청하라.
- 너무 개인적이거나 공격적인 질문은 삼가라. 시간을 갖고 서서히 알아가고자 하는 내성적인 사람들의 성향에 인내심을 가져라.
- 대화가 시작되면 잡담을 삼가고, 본론으로 빨리 들어가라.
- 당신이 여러 가지 다양한 주제에 대해 폭넓은 지식을 가지고 있는 반면, 내성적인 사람들은 몇 가지 주제에 대해 깊이 있는 지식을 갖고 있음을 인정해주라.
- 내성적인 사람들과 만나고자 할 때는 예고 없이 불쑥 찾아가지 말고, 반드시 약속을 하는 것이 좋다.
- 내성적인 사람들의 사적 공간에 대한 욕구를 존중해주라. 대화 중에 너무 가까이 다가서거나 개인 공간을 침범하지 마라.
- 당신이 생각하는 고무적인 일(예를 들어 멀티태스킹)이 내성적인 사람들을 당황스럽게 만들 수 있다는 사실을 명심하라. 대부분의 내성적인 사람들은 한 번에 한 가지 일에 조용히 집중해야 한다.
- 내성적인 동료와 회의할 때는 되도록 방해를 받지 않는 조용한 공간을 찾아라. 좀더 친해질 기회를 갖고 싶다면 회의 전후 시간을 활용하면 된다.

- 내성적인 사람들이 최상의 아이디어를 낼 수 있도록 혼자 있는 시간을 주고, 회의 도중에도 충분한 휴식을 취할 수 있도록 배려하라.
- 내성적인 사람들은 자신의 성과와 잠재적인 기여 가능성에 대해 과소평가하는 경향이 있음을 인지하라.
- 내성적인 사람들이 말을 마치면 속으로 하나, 둘, 셋까지 세고 말을 시작하라. 그들이 말을 잠시 멈춘 사이에 끼어드는 일이 없도록.

❈ 외향적인 사람의 하루

앞에서 몇 번 등장했던 줄리 길버트를 기억하는가. 그녀의 전형적인 하루 일과에 대해 들어보자. 스스로를 "전형적으로 외향적인 성격"으로 묘사하는 길버트는 베스트바이Best Buy 주식회사의 수석 부회장을 거쳐 현재 울프 비즈니스WOLF(Women's Leadership Forum) Means Business 의 창립자이자 대표로 일하고 있다.

이질적인 사람들에게 배울 점

➡ 아침

내 전화는 24시간 켜져 있다. 새벽 3시라도 상관없다. 특히나 내게 어떤 도움을 필요로 하는 사람으로부터 온 전화라면 꼭 받는다. 5시에 일어나서 처음으로 하는 일은 이메일을 확인하기 위해 내 스마트폰을 체크하는 것이다. 그리고 답장을 보낸다. 나는 하루에 150통 정도의 이메일을 받는다. 그 중 이른바 '적색경보' 이메일을 우선 처리한다. 그리고는 바로 운동을 하기 위해 헬스클럽으로 가서 하루 일과를 머릿속으로 정리하고, 동시에 사람들도 만난다."

러닝머신에서 내려오자마자 나는 다시 스마트폰을 체크한다. 가끔씩은 달리면서 중간중간 체크하기도 한다. 사무실로 차를 몰고 가면서, 운동할 때 온 부재중 전화에 대해 응답 전화를 한다."

그리고 첫 번째 회의를 준비한다. 사무실에 있을 때는 계속해서 회의가 있는데, 주로 조직의 비전을 수립하는 일들이다. 전화벨은 하루 온종일 울리기 때문에, 회의 사이사이에 사람들에게 응답 전화를 한다."

나는 시간제로 일하는 판매원들의 방에도 들어간다. 그들에게 동기 부여를 해주기 위해 우리가 얼마만큼 비즈니스에서 좋은 성과를 거두고 있고, 이를 위해 직원들의 의견을 어떻게 반영하고 있는지에 대한 얘기를 나눈다. 나는 그들이 스스로를 중요한 존재로 생각하기를 바란다. 아이디어를 내면 채택될 수 있음을 알고, 경영진은 그들의 목소리를 주의 깊게 듣는다는 느낌을 받으며 일하기를 원한다. 그리고 자신의 아이디어를 실현시켜줄 수 있는 사람들과 회의 석상에서 만나게 함으로써, 그들이 '내 아이디어로 무엇인가 이루어졌다' 라는 생각을 갖게 해주려 한다.

➡ 점심 시간

어떤 사람들은 주로 사무실에서 점심식사를 한다. 나는 가급적 사무실에서 나가서 회사 카페테리아나 직장에서 가까운 레스토랑에 간다. 1인용 테이블에는 되도록 앉지 않는다. 그리고 나와 상황이 비슷한 주위의 사람들과 대화를 시작한다. 나는 사람들과 아주 빨리 친해지고, 그들을 또 다른 사람들과 서로 연결시켜준다. 사무실로 돌아가서는 다시 여러 가지 안건에 대한 회의에 연속적으로 참여한다.

회의 진행에 있어 한 가지 내가 다르게 하는 것이 있다면 이런 것이 아닐까? 일대일 미팅이나 3~4인이 참여하는 프로젝트 회의를 할 때 회의 장소는 사무실 대신 우리 기업본부 내의 커피숍을 택하는 것이다. 많은 고위층 임원들이 그곳을 지나간다. 우리의 업무와 우리 팀이 주목받기를 원하는 나는 그들을 불러 세워놓고, "숀, 요즘 어때요? 내가 도와줄 일이라도 있어요? 여기 셸, 베타니, 킴을 알고 있지요? 이 사람들이 지금 어마어마한 일을 하고 있어요. 여기 그 결과물 좀 봐줘요"라고 말한다. 간혹 회의에 다소 방해가 될 수도 있겠지만, 팀 구성원들은 상사에게 존중받는다는 느낌을 갖게 될 것이다.

➡ 저녁

저녁에 나는 회사의 체력단련실에서 가벼운 운동을 하거나 호수 주변을 달린다. 그러는 동안 또 사람들을 만난다. 그 중 어떤 사람들과는 저녁을 함께 한다. 개중에는 나를 만나기를 원하는 고객들도 있다. 나는 그들을 저녁식사로 초대하여 진솔한 대화를 나눈다. 그 외에 어떤 날은 워크숍이나 강연을 할 때도 있고, 도심 밖에서 출퇴근하는 직원을 만나기도 한다.

차를 몰고 집으로 가면서, 다시 부재중 전화에 응답한다. 집에 들어가서는 이메일을 확인하고 답장을 보낸다. 가족들과 시간을 보내면서 그들이 하루를 어떻게 지냈는지, 하루 동안 어떤 일들이 있었는지 이야기를 나눈다. 그리고 나서 다음날을 위해 잠자리에 든다.

당신과 비교할 때 길버트의 일과는 어떠한가? 그녀의 일과를 살펴본 것이 당신에게 도움을 주었는가? 영감을 주었는가, 아니면 읽어보는 것만으로도 당신을 지치게 하는가? 그녀로부터 당신이 배울 점이 있다면 무엇인가?

> **Tip 외향적인 사람 VS 내성적인 사람의 어휘 목록**

단어	외향적인 사람의 정의	내성적인 사람의 정의
혼자의	외로운	평화와 고요함을 즐기는
책	지식과 정보를 습득하는 창구 문이 열려 있도록 받칠 때 사용하는 도구	안식의 원천 여행을 하고, 모험을 하고, 흥미로운 인물들과 만날 수 있는 가장 안전하고 저렴한 방법
지루한	정신 없이 바쁜 것이 아닌	잡담하는 자리에 잡혀 빠져나오지 못하는
자유 시간	사람들과 단체 활동을 하는 시간 ('일'에 대한 내성적인 사람의 정의와 비교해보라.)	눈이 침침해지기 전까지 방해 받지 않고 책을 읽을 수 있는 시간

단어	외향적인 사람의 정의	내성적인 사람의 정의
친구	당신이 외롭지 않다는 확신을 주는 사람	당신이 혼자 있고 싶을 때가 있다는 것을 이해해주는 사람
좋은 매너	사람들이 혼자 있도록 내버려두지 않는 것, 대화할 때 침묵이 흐르지 않게 하는 것	그럴 필요가 있거나, 상대가 당신에게 접근하지 않는 한 사람들을 방해하지 않는 것(어쩌다 당신이 잘 아는 사람에게 말을 걸 수도 있지만, 우선 그들이 바쁘지 않은지를 확인한다.)
집	당신이 아는 모든 이를 초대하는 장소	당신이 아는 모든 이로부터 도피하는 장소
인터넷	또 하나의 광고 매체 할 일 없는 괴짜들이 모이는 곳	다른 내성적인 사람들과 만나는 방법(밖으로 나갈 필요도 없거니와 글쓰기는 어떤 말을 불쑥 내뱉기 전에 생각할 시간을 주어 편안하다.)
사랑	어떤 것도 혼자서 하도록 하지 않는 것	이해받고 제대로 인정받는 것
전화	다른 사람들과 연결되는 생명선-당신이 사는 이유	필요악? 또 하나의 훼방꾼. 가끔 유용하지만 대부분 골칫거리
외출	최소한 2명은 필요하며, 많으면 많을수록 더 좋다. (끊임없이 재잘대기, 시끄러운 음악, 스포츠, 많은 인파가 바로 외출의 즐거움)	혼자서도 가능하고, 타인과 동행하기도 한다. 어떤 목적이 있다면 즐길 수 있다.(예를 들어 밴드 공연, 영화, 연극을 보거나, 한두 명의 친한 친구와 지적 자극을 주고받는 토론을 한다.)
일	무엇인가를 읽고, 쓰고, 듣거나 집중해야 하는 것	사소한 것으로 사람들한테 5분마다 시달리는 바람에 도통 집중할 수가 없는 것

외향적인 세상에서 성공적으로 살아남기

전제는 단순하다. 당신이 목표로 삼은 고객이 좋아하는 것과 싫어하는 것에 주의를 기울인다면, 당신의 메시지는 어느 때보다 강력하게 전달될 것이다. 반대로 이 소중한 정보들을 무시한다면, 이익보다는 손해를 입게 될 것이다. 예를 들어 당신이 최고의 강연을 준비했다고 하자. 그런데 오랜 비행 끝에 방금 점심식사를 끝낸 경영인들을 상대로 두 시간 동안 휴식시간도 없이 강의를 계속 한다면? 당신의 강의 내용이 제대로 전달되리라 기대할 수 있겠는가?

요컨대 사람마다 개인차가 있으므로 과도한 일반화의 위험이 없진 않지만, 우리가 더불어 살아가야 할 외향적인 사람들이 전형적으로 좋아하는 것과 싫어하는 것들을 정리해볼 필요가 있을 것이다.

외향적인 사람들이 좋아하는 것

- 실제로 사람들과 만나기(직접 만남, 전화통화)
- 새로운 사람들을 만날 수 있는 잦은 기회
- 나의 아이디어와 일화, 농담을 알아주고 호응해주는 청중
- 끊임없는 활동과 약속
- 전화하고 방문할 많은 사람들

외향적인 사람들이 싫어하는 것

- 너무 오래 혼자 있는 시간
- 길고 세세한 내용의 이메일 받기
- 단조롭고 일상적인 일
- 어떤 곳을 방문했을 때 환영받지 못하는 느낌
- 내성적인 사람으로 하여금 자신을 표현하게 만드는 일(마치 치과에서 이를 빼는 것처럼 고역스러운 일)

다른 회로, 다른 전술

외향적인 세계에서 내성적인 사람이 살아남는 법? 메르크앤드컴퍼니 Merck & Co.의 켄 프레이져는 이에 대해 이렇게 말했다.

"사무실에서 가장 시끄러운 사람과 경쟁할 필요는 없습니다. 만일 그렇다면 당신은 잘못된 상황에 처해 있는 것입니다. 말을 많이 하는 것보다는 가치를 높게 평가하는 환경을 찾도록 하세요. '가정에서의 성격'과 '일할 때의 성격'을 따로 개발해야 될지도 모릅니다. 사람들

에게 당신이 어떻게 받아들여지는지에 대해서는 민감하게 의식할 필요가 있습니다.

이건 외향적인 사람들도 마찬가지입니다. 자신이 사람들과 어떻게 어울려 지내는지 늘 신경을 써야 하지요. 너무 강하게 보이나요? 너무 장황하게 말을 하나요? 그렇다면 사람들이 보내는 신호를 제대로 인지하고 이해하려고 노력하면서 합당한 조치를 취해야 합니다. 이를 위해 당신이 어떻게 해나가고 있는지 조언해줄 동료를 찾아보는 것도 좋습니다. 당신을 걱정해주는 동료들의 사려 깊은 충고에도 마음을 열어야 하겠지요."

전문가들의 이야기들을 통해 이에 대해 좀더 구체적으로 알아보자.

- **경청하라.** 허스트 매거진의 대표 캐시 블랙은 "의외로 많은 사람들이 상대방이 하는 말을 제대로 이해하지 못합니다"라고 지적한다. "천천히, 요점을 분명하게 말하는 연습을 하세요. 그리고 상대방이 이야기하는 내용을 경청하세요. 단지 그의 목소리를 들으라는 얘기가 아닙니다. 사람들의 몸짓 언어를 응시하세요. 얼굴을 보면 녹초가 되었는지, 아닌지 금방 알 수 있지요. 누군가 자꾸 자신의 휴대전화를 쳐다보거나 당신이 말할 때 6번이나 말을 가로막았다면, 당신은 그 사람의 마음을 얻지 못한 것입니다. 그럴 때는 이렇게 말하세요. '아마도 제가 다른 시간에 다시 와야 할까 봐요. 진짜로 바쁘시네요.'"

핵심은 이것이다. 커뮤니케이션은 여러 부분들이 모여 이루어지는 것으로, 단순히 말에만 국한되지 않는다는 것이다.

- 대화에 끼어들어라. 내가 아는 한 내성적인 여성은 사람들과 대화할 때 자기 차례가 올 때까지 그저 기다린다고 한다. 앞에서는 '청취하라'고 해놓고 여기서는 '대화에 끼어들라'니 이런 모순이 있나. 하지만 가끔은 '끼어들기'가 필요할 때가 있다.

  세계정치연구소World Policy Institute의 미셸 우커Michele Wucker는 내성적인 자신이 국립TV에서 생방송에 출연한 경험에 대하여 들려주었다. "가장 어려운 일은 말하는 도중에 끼어드는 것을 배우는 일이었어요. 사람들은 그걸 기대하고, 사실 그렇게 해야 재미가 있습니다. 나는 작심을 하고 계속해서 노력했어요. 그러자 어느 순간 나도 그게 되더군요. 팻 부캐넌Pat Buchanan(보수성향의 미공화당 대선 후보)과의 토론에서 내가 '와우! 오늘 내가 결정적인 말을 들었군요!'라고 말할 수 있었을 때, 비로소 토론을 진정으로 즐기기 시작했던 것 같습니다."

- 누군가 중간에 말을 가로채면 다시 발언권을 되찾아오라. 외향적인 사람들은 말하기를 좋아한다. 잠시라도 틈이 나면 언제든지 끼어들곤 한다. 외향적인 사람들이 중간에 끼어들지 못하도록 쐐기를 박는 것은 쉬운 일이 아니다.

  자, 외향적인 사람들로 가득 찬 회의실에서 당신은 계속 조용히 앉아 있을 것인가? 아니면 이제야말로 눈에 띄는 존재가 될 것인가? 사교적이지만 내성적인 성격의 카트린 워드론 박사는 다음과 같이 말한다. "때로는 단호할 필요도 있고, 누가 끼어들면 부드럽게 지적을 할 줄 알아야 합니다. '내 생각을 마무리 짓게 해주는 것이 어떻겠습니까? 그리고 나서 당신이 말씀하시지요.' 혹은 '지금은 내 순서라고 생각하는데요' 라고 웃으며 이야기하는 것이지요." 이때 작은 유머를 곁들이면 훨씬 좋은 효과를 거둘 수 있다.

- **당신이 생각하는 것을 공유하라.** 사람들은 당신의 마음을 읽을 수 없다. 생각이 머릿속에만 머물러 있다면 아무리 좋은 아이디어라도 인정받을 수 없다. 한 외향적인 보험설계사는 이렇게 말하기도 한다. "내성적인 사람들은 자신이 가지고 있는 것을 100% 공유하질 않습니다. 그냥 내뱉어버리면 어떨까요? 나는 늘 좀더 알고 싶거든요. 당신이 생각하고 있는 것을 이해할 수 있도록 도와주세요."

- **외부로 신호를 보내라.** 뉴욕대학교 코칭 프로그램의 공동 설립자이자 인디고 리소스Indigo Resources 주식회사의 회장인 엘리자베스 길데이Elizabeth Guilday는 다음과 같이 이야기한다. "외향적인 성격이라 그런지 나는 언제나 내가 만나는 모든 사람과 잘 통할 수 있는 방법들을 찾습니다. 연결고리를 만드는 것은 대단히 중요합니다. 나는 항상 상대방을 이해한다는 인상을 주려고 주의

를 기울이고, 상대방이 나를 인정하고 이해하고 있는지를 보여주는 신호를 찾으려고 합니다. 만약 내가 명백한 신호를 찾았다면, 당신은 외향적인 나의 욕구를 만족시킨 것입니다."

- **얼굴을 보여주라.** 시간과 돈이 좀 들 수도 있지만, 가끔은 사람들이 모인 자리에 나가서 얼굴을 보여주는 것 또한 중요하다. 어디에다 어떻게 시간을 투자할지 영리하고 전략적으로 계획을 세워보라. 《내게 맞는 일자리Career Match》의 저자인 쇼야 지치는 "꼭 목소리 큰 달변가나 뛰어난 재담가가 될 필요는 없습니다. 항상 주변에서 정보를 제공해주고, 언제든 만날 수 있는 사람이면 족합니다"라고 조언한다. 나타나서 얼굴을 보여주고, 몇몇 중요한 사람들과 이야기를 나눈 후 집에 가면 되는 것이다. 너무 어렵게 생각하지 말자.

- **전문가로서 자리매김하라.** 어떻게 하면 내가 갖고 있는 지식을 다른 사람도 귀중하게 쓰도록 할 것인지를 고민하라. 먼저 어느 한 분야에서 당신을 뛰어난 전문가이자 조언가로 인식시키는 것이 좋다. 당신이 갖고 있는 내향적인 장점을 십분 활용하자. 다른 이들은 잘 모르지만 당신은 잘 아는 것에 대해 발표하거나 글을 쓴다면 머지않아 눈에 띄는 존재가 될 것이다.

소셜 미디어 전략가이자 하브룩 그룹 자문회사의 회장인 하워드 그린스타인은 다음과 같이 지적한다. "당신이 흰담비에 있어선 전문가라고 말하는 것입니다. 그리고 당신이 흰담비에 관한 글을 52주 동안 계속해서 연재한다고 합시다. 이제 어떤 사람이 검색 엔진에 '흰담비'라고 칠 때 당신의 이름이 상위에 뜨게 될 것입니다. 당신도 모르는 사이에 말이죠. 그저 '흰담비 전문가'라는 명함을 갖고 있는 것보다 훨씬 효과적인 방법이지요."

- **사람들의 욕구를 만족시켜라.** "성공하기 위한 첫 번째 길은 당신 자신을 위해 많은 것을 생산하고 실행하는 것이며, 그 중 어느 부분은 타인의 삶에도 적용될 수 있기를 바라는 것입니다."
내 고객이자 영화감독인 마이클 소모로프Michael Somoroff의 말이다. "내 방법이기도 하지만, 두 번째 길은 타인의 욕구를 탐색하여 그들이 원하는 것에 대해 해법을 찾는 작업입니다. 사람들이 이미 원하는 것이므로 이 '프로젝트'는 자기 자리가 있게 마련이고, 구체적인 성공을 보장받을 수 있습니다."
그는 예술과 정신세계 분야에서 각광받는 강연자로, 그의 작품은 뉴욕현대미술박물관에 전시되어 있다. 바넷 뉴만Barnett Newman과 더불어 휴스턴의 로스코 예배당에 작품을 초청받은 예술가이자, 세계적으로 성공한 광고연출가이기도 하다.

- **일단 '인사이더'가 되라.** 자신을 효율적으로 홍보하기 위해 허풍쟁이가 될 필요는 없다. "TV 뉴스와 연기를 하면서 경험한 바에 의하면, '입만 산 사람'들이 꼭 성공하는 것은 아닙니다." 배우이자

TV 앵커인 브래드 홀브룩은 이렇게 말한다. "자기 자신에게 관심이 집중되는 것을 꺼리는 사람들은 처음엔 작가나 TV 프로듀서와 같이 조명을 덜 받는 자리에서 일하려고 합니다. 하지만 일단 그 분야에서 일을 하다 보면 상상했던 많은 두려움은 사라지게 되죠. 이들에게 리포터나 배우 같은 좀더 활동적인 직업을 얻을 생각이 있다면, 그것이 이제 그리 상상할 수 없는 일은 아닐 것입니다."

- 당신의 아이디어를 홍보해줄 사람들을 얻어라. "'자기 PR'이라는 단어는 부적절한 명칭입니다." 마케팅 전문가이자 베스트셀러 작가인 세스 고딘은 이렇게 지적한다.

"진정 가치가 있는 것은 '타인에 의한 홍보' 입니다. 우리는 이미 그런 시대로 진입했습니다. 가장 영향력이 있는 사람은 자신을 홍보하는 사람이 아닙니다. 다른 사람들이 나서서 홍보해주는 그런 사람이지요. 척 클로스는 유명한 화가입니다. 그는 절대 무대 위에서 펄쩍펄쩍 뛰어다니지 않죠. 그는 휠체어를 타고 있으니까요. 하지만 사람들은 그에 관해 끊임없이 이야기하고, 그렇게 그의 작품은 열심히 홍보가 되고 있습니다."

고딘은 또한 이렇게 덧붙였다. "내성적이라 힘들다는 변명은 더 이상 통하지 않습니다. 만약 내가 현 상황을 뒤집을 정도로 어마어마한 변화를 가져왔다면, 사람들은 자연히 나에 관해 이야기할 것입니다. 그리고 그렇게 하는 것이 당신의 의무이기도 합니다."

❋ 당신이 세상에
　무엇을 기여할 수 있을지 알리는 일

앞에서 언급한 것처럼, 이 책을 쓰는 동안 나는 유명 인사들을 많이 만나보았다. '주목받는 것'에 있어서 그들은 달인이었으므로, 나는 그들에게서 내성적인 당신에게 전할 조언을 부지런히 구했다. 그들의 성향이 외향-내향 스펙트럼 가운데 어디에 위치하든 상관없이 말이다.

유명 인사들 가운데 과연 누가 내성적인 사람인지 안테나를 올리고 살펴봤지만 역시 확신하기가 쉽지는 않았다. 활달하고 외향적으로 보이는 사람 중에도 내성적인 사람이 있고, 사생활과 관련해서는 사진 찍히기를 극도로 싫어하는 외향적인 사람들도 있었다. 확실한 것은 많은 사람들이 자신이 내성적인 사람인지 잘 모르고 있거나—특히 내성적인 사람에 대한 사회적 편견을 감안하여—, 선뜻 밝히기를 꺼린다는 것이다.

빌 클린턴과의 만남

이 책을 쓰기 위해 나는 종종 조용한 공원거리에 있는 한 호텔에 가곤 했다. 어느 날 밤에도 그 호텔 안의 아늑한 레스토랑에 들어가 테이블 쪽으로 걸어가고 있는데, 다른 테이블 한 켠에 앉아 있던 사람이 내게 미소를 보냈다. 그는 클린턴보다 훨씬 잘생긴 것 같았지만 꼭 빌 클린턴처럼 보였다.

자리에 앉아 글 쓰기에 몰입하기 위해 가방 속에서 음소거용 귀마개를 찾다 보니, 옆 테이블에 앉아 있는 두 명의 터미네이터 같은 사람들이 눈에 들어왔다. 그들은 귀에 투명하고 꼬불꼬불한 플라스틱 막대를 꽂은 채 주변을 주시하며 앉아 있었다. 꼭 빌 클린턴처럼 보였던 그 사람은 진짜 빌 클린턴이었던 것이다!

나는 클린턴에게 말을 걸어야 했다. 내 책에 인용할 그의 말을 구해야 했다. 두려움도 체면도 버려야 했다. 작가인 내 자신이 그렇게 하지 않는데, 어떻게 나의 내성적인 독자들에게 세상으로 뛰쳐나와 자기를 홍보하라고 요구할 수 있겠는가? 순간 나는 여러 생각이 스쳤다. '나는 사적인 영역을 존중하는 사람이야. 클린턴의 공간을 침범하고 싶지는 않아. 하지만 그는 공공장소에 앉아 있는 대중의 종이고, 지금 대중인 나를 대면하고 있는 거잖아.'

그래서 이 내성적인 사람이 한 일은 무엇이겠는가? 나는 화장실로 달려가서 남자친구인 아이작에게 전화를 했다. 우리는 정신을 못 차릴 정도로 다급하게 전략을 세웠다. 나는 한때 미국의 총사령관에게 음료수를 보낼 생각을 했다. 돌이켜 보면 이건 거의 최악에 가까운 아이디어였다. 라운지로 급히 돌아와 지배인에게 마실 음료수를 주문하면서 "클린턴은 뭘 마시고 있죠?" 하고 물어보았다. 부드럽고 유머러스한 지배인은 그 꾸불꾸불한 막대를 귀에 꽂고 있는 사나이들에게 말을 건네는 방법에 대해 조언해주었다.

나는 크고 외향적인 제스처를 하며 이야기하는 클린턴을 마주 보면서 비밀 경호원 옆의 내 자리에 앉았다. 웨이터가 내게 물었다. "남자친구는 오늘 안 오시나요?" 그리고 곧 이어서 "늘 드시던 것으로 하시겠습니까?" 하고 물었다. 그 순간은 고맙게도 내가 테러리스트나 미친 스토커일지 모른다는 의심을 날려보낼 완벽한 타이밍이 되었다.

"실례합니다"라고 비밀 경호원에게 내가 말했다. 나는 그들이 클린턴을 위해 일하는지 물어보았다. 상황은 긍정적이었다. 내 자리는 그들과 잡지대 사이에 있었다. 나는 〈고담Gotham〉 잡지에서부터 이야기를 풀어나갔다. 그 잡지에 나는 유능한 컨설턴트로 나와 있었다. 나는 내 사진과 인터뷰를 가리키며 "보세요, 이 사람이 저에요"라고 이야기했다. 자랑하려고 한 건 아니었다. 단지 나의 유명세를 좀 알려 주려던 것뿐이었는데 별 반응이 없다.

그때 좀더 높은 사람처럼 보이는 한 사나이가 테이블에 합석했다. 나는 다시 시도했다. 이 상냥한 전직 해군은 한쪽 눈이 늘 클린턴을 향해 고정되어 있었는데, 나의 얘기를 듣고 호감을 보였다. 나는 그에게 '이곳은 내가 책을 쓰기 위해 늘 오는 장소'라고 말했다. 즉 클린턴이 현재 내 공간 안에 와있다는 뜻이었다. 나는 지극히 외향적인 클린턴에게 내성적인 나의 독자들과 공유할 만한 자신만의 홍보 기법이 있는지를 묻고 싶다고 말했다.

클린턴과 그의 일행은 코스 요리를 먹고 있었고, 나는 한참 동안 태연히 글쓰는 척을 해야 했다. 나는 비밀 경호원과 경호국에 대해 좀더 자세한 내용의 대화를 나누었다. 상급 경호원이 말하기를 대부분의 비밀 경호원들은 외향적인 성격이지만, 그가 멘토로 삼고 있는 한 사람만은 예외라고 했다. 나는 그 경호원에게 내 명함을 주면서, 혹시라도 도움이 필요하다면 언제라도 나에게 연락하라고 격려해주었다. 이제 그는 잡지 속의 내 사진도 보았고, 내 명함도 가지고 있다. 그가 더 이상 무엇을 경계하겠는가.

당신이 가고자 하는 곳에 도달하려면

'쇼'를 연출할 시간이 다가오고 있었다. 나는 머릿속으로 어떻게 말을 시작할지에 대해 계속해서 예행연습을 했다. 작가이자 연기자인 로리 그라프Laurie Graff가 맨해튼 북서부의 카페에서 클린턴을 만났을 때의 일화가 생각났다. 그녀는 그때 "당신이 대통령이던 시절이 너무 그립습니다"라고 말을 꺼냈다고 했다. 여기다 좀더 재치를 가미해서 나도 그렇게 말해보기로 결심했다. 그때 클린턴과 그 일행들이 자리에서 일어섰다.

나는 손을 내밀며 "클린턴 대통령님, 실례합니다. 당신이 대통령이던 시절이 너무 그립습니다"라고 말을 걸었다. 우리는 악수를 했고, 속으로 '그나마 있던 재치는 다 어디 간 거야' 하는 생각이 들었지만 실수에 집착하지 않으려 노력했다. 나는 그에게 이 책을 쓰고 있다고 말했고, 독자들을 위한 조언을 해줄 것을 요청했다. "대통령께서는 확실히 외향적인 성격이시죠? 저의 내성적인 독자들이 자기의 존재를 좀더 부각시키는 데 도움이 될 만한 조언을 한마디 해주셨으면 좋겠습니다."

클린턴은 강렬한 눈빛으로 나를 응시했다. 방에 있는 벽들이 모두 사라진 듯했다. "글쎄요, 실제로 나는 내성적인 성격에 가깝습니다." 그는 놀랍게도 이렇게 말했다. 그는 진지한 눈빛으로 말하고 있지만, 그럼 지난 20년간 TV 속에서 보아온 그의 모습은 다 뭐란 말인가? 나는 이런 생각으로 머릿속이 복잡해졌다. 지금 농담을 하는 것인가, 아니면 놀라운 고백을 하는 것인가?

"나는 혼자 있는 시간이 많이 필요한 사람입니다." 한동안 생각에 잠겨 있다가 이렇게 덧붙이는 것을 보면 그는 내성적인 것이 무엇인지 잘 이해하고 있는 게 분명했다. 내가 그 동안 세상에 관하여 안다고 생각한 것들이 일시에 무너지는 느낌이었다.

그는 계속해서 이렇게 말했다. "내가 드리고 싶은 조언은 당신 자신을 안으로부터 끄집어내라는 것입니다. 마치 벽에서 진흙을 꺼내는 것처럼 말이죠. 밖으로 나가세요. 그리고 시도해보세요. 안 되면 될 때까지 계속해보는 겁니다." 나는 그 순간 얼어버린 채로 딸 첼시가 자기 아빠의 손을 잡고 끌고 갈 때까지, 마치 호박 안에서 꼼짝하지 않는 큰 나방처럼 서 있었다.

　시간은 다시 흐르기 시작했다. 웨이터와 다른 고객들이 클린턴에게 모여들었다. 모든 이들이 그와 악수하기를 원했다. 클린턴 일행이 떠날 때, 그 상급 경호원은 자신의 명함을 내 테이블에 놓고 갔다. 지배인은 내가 원하는 것을 얻었냐고 물었다. 나는 고개를 끄덕였다. 웨이터는 클린턴이 무슨 이야기를 하더냐고 물었다. 나는 그에게 말했다. 클린턴의 충고를 받아들여서, 나는 될 때까지 계속해서 해볼 것이라고!

　당신이 내 입장이었다면 어떻게 했을까? 클린턴에게 당신을 소개했을까? 아니면 멀리서 바라만 보고 있었을까? 당신이 가고자 하는 곳에 도달하려면 무엇을 해야 할 것인가? 그리고 그것을 어떻게 할 것인가? 거기에 도달하기 위해 누가 필요한가?

　무엇이 당신을 가장 행복하게 만드는가? 달라이 라마는 오로지 단 한마디, '사람들'이라고 말했다. 무엇이 여러분을 가장 행복하게 만드는가? 나는 누군가를 도와줄 때 가장 행복하다. 그러려면 내가 어떤 것을 가지고 있고, 제공할 수 있는지를 사람들이 알아야만 가능하다.

　왜 눈에 띄는 존재가 되어야 하는가. 왜 자기 PR이 필요한 것인가. 우리가 이 장에서 논의한 바와 같이, 완전히 다른 회로를 가진 사람들에게 접근하기 위해선 다른 전술이 필요하다. 때문에 외향적인 사람들과 내성적인 사람들이 각각 얘기하는 자기 PR에 관한 다른 시각에 대해 살펴보았다. 이제 당신이 자기 PR을 하면서 앞으로 나아갈 수 있도록 내가 준비한 긴 여정에 마침표를 찍을 시간이 다가온다. 당신은 이제 세상으로 나갈 준비가 되었는가?

| 에필로그 |

당신의 지식과 재능을 다른 이와 공유하라

당신은 재능이 있다. 어떤 일을 맡겨도 누구보다 더 잘해낼 수 있다. 내성적인 사람이라는 사실은 당신이 언어에 재능이 있고, 능숙한 탐색자이며, 뛰어난 업무 지휘자라는 의미이기도 하다. 외향적인 사람이 '독방에 감금된 것'으로 생각하는 활동에도 당신은 기꺼이 몰입할 수 있다.

물론 당신이 모든 면에 재능을 지니고 있는 것은 아니다. 하지만 그건 다른 이들도 마찬가지이다. 당신이 계속해서 재능보다는 결점에 초점을 맞춘다면, 점점 더 자신에게 혹독한 교도관이 될 뿐이다. 또한 당신이 재능을 혼자만 비밀스럽게 간직하고 있다면, 스스로에게 이렇게 물어보자. 당신의 재능을 다른 사람들과 어떻게 나눌 것인가? 그리고 당신의 가치에 대해 어떻게 '인정'과 '보상'을 받을 것인가?

왼손잡이와 마찬가지로 내성적인 성격은 결핍이 아니다. 왼손잡이처럼 많은 내성적인 사람들은 타인을 위해 디자인된 세상에서 살고 있다. 그것이 당신의 자발적인 선택이라면 계속 그림자 밑에 남아 있는 것도 괜찮다. 그러나 나는 여러분에게 한 가지 대안을 제시하기 위해 이 책을 썼다. 이제는 자신의 독창성과 성과를 인식하고, 직장생활에서도 더 인정받고, 사회에서도 더 큰 기여를 할 때가 되지 않았는가?

하다 보면 괜찮아지리라는 믿음으로 나는 PR에 대한 내 생각을 다 쏟아냈다. 당신이 자신을 온전히 내성적인 사람으로 인식하든, 단지 내성적인 성향이 조금 있는 사람으로 인식하든 간에, 나는 당신이 이 책을 읽음으로써 자신을 좀더 잘 이해하길 바란다. 그리고 자기 PR의 비법을 아는 내성적인 사람으로서, 더 나은 직업을 찾을 기회를 만들 뿐만 아니라 더 많은 이들에게 존경받는 지위를 얻을 수 있길 바란다. 당신이 자기 PR을 통해 더 좋은 곳으로 가길 원하든 지금의 자리를 고수하든 다 좋다. 당신이 당신의 보폭에 맞게 목표에 다가서는 방법을 배울 수 있도록 이 책을 집필한 나로서는 전적으로 당신을 응원한다.

덧붙여 나는 함께 나누는 정신으로 자기 PR의 개념을 진일보시키고자 한다. 말하자면 타인과 연결되고, 네트워크를 구축하고, 당신의 지식을 제공하는 방법으로 자기 PR에 매진하라는 것이다. 궁극적으로 이 모든 것들은 해놓으면 당신의 인생에 나쁠 것이 없는 것들이다.

내성적인 당신의 경우에는 시간을 두고 사람들을 알아가고, 그들이 당신을 알게 되는 것을 기꺼이 받아들일 때, 비로소 자기 PR을 제대로 할 수 있게 될 것이다. 자기 PR은 서로 돕는다는 생각으로 각자가 가진 재능에 대해 입소문을 퍼뜨리는 지점으로부터 시작된다. "한 손이 다른 손을 닦아 준다"라는 옛 격언은 이러한 개념에 대체로 접근하였다고 볼 수 있으리라.

자기 PR을 꼭 무슨 보상을 바라고 하는 것은 아니다. 나는 앞서도 말했지만 나의 네트워크에서 사람들을 소개시켜줌으로써 가져올 수 있는 무한한 가능성 자체를 즐기는 편이다. '연결자'로서의 명성은 더불어 누릴 수 있는 혜택이다.

우리는 함께 어디까지 왔을까? 그리고 여기서부터는 어디로 가려고 하는가? 당신은 이 책을 통독했는가, 아니면 대충 훑어봤는가? 시간이 있을 때마다 가지고 다니며 읽었는가?

어떤 방식이었든 간에 당신이 알게 된 것에 대해 말하고, 성찰하고, 강화하는 시간을 꼭 가져보길 권한다. 그런 다음 이제 어디로 가야 할지를 결정하길 바란다.

세상은 내성적인 사람과 외향적인 사람으로 이루어져 있기는 하만, 그것은 복잡다단한 인간 존재를 묘사하는 단 두 가지의 평가에 불과하다. 당신이 그 넓은 스펙트럼의 어느 부분에 위치하든 당신의 지식과 재능을 다른 이들과 공유하길 바란다. 그리고 당신이 이루어낸 성과에 대해 마땅한 '인정'을 받길 바란다.

언제? 바로 지금이다. 왜 지금은 안 되는가? '당신 자신'과 당신이 이 세상에 선사할 수 있는 모든 '선善'을 기념하기엔 지금이 가장 좋은 시기다. 내적으로나 외적으로, 그리고 저 높은 곳을 향하여 당신이 그 긴 여정을 즐기길 기원한다.

내성적인 당신의 강점에 주목하라

초판 1쇄 발행 2010년 9월 15일

지은이　낸시 앤코위츠
옮긴이　신현정
펴낸이　박선경

마케팅 • 박언경
표지 디자인 • 이든 디자인
본문 디자인 • 김남정
제작 • 펙토리

펴낸곳 • 도서출판 갈매나무
출판등록 • 2006년 7월 27일 제395-2006-000092호
주소 • 경기도 고양시 덕양구 화정동 965번지 한화오벨리스크 1501호
전화 • 031)967-5596
팩시밀리 • 031)967-5597

isbn 978-89-93635-18-8/03320
값 12,000원

• 잘못된 책은 구입하신 서점에서 바꾸어드립니다.
• 본서의 반품 기한은 2015년 9월 30일까지입니다.